ひとめでわかる！

海外旅行
安心ポケットブック

著

永岡書店

空港での出発の流れは?

出国編

空港に着いてからチェックインまでの流れをイメージできていると、とても安心です。そこで、多くの海外旅行者が利用する成田空港を例に、出発時のようすをわかりやすく紹介します。

出発時刻の2時間以上前には空港へ

京成電鉄
スカイライナー

JR
成田エクスプレス

成田空港へのアクセス方法はいろいろありますが、どんな手段にしろ、チェックイン開始（2時間前）以前の到着を目指しましょう。電車の場合は、JRや京成電鉄がターミナルの地下に乗り入れています。

リムジンバスやタクシーは、第1、第2、第3ターミナルともに出発ロビー階に到着するので、すぐに集合場所やチェックインカウンターに向かえます。

成田空港には第1、第2、第3ターミナルがあります。もし間違えた場合は、無料のターミナル連絡バスを利用すれば、別のターミナルに行けます。所要時間は約3～10分です。

飛行機の出発ターミナルを事前に確認しましょう!

成田空港には第1、第2、第3ターミナルがあります。全日空は第1、日本航空は第2など、航空会社によって出発ターミナルが違うので、事前に確認を。なお、第3ターミナルに電車や車で行く場合、まずは第2ターミナルへ。そこから徒歩あるいは無料連絡バスで向かいます。

第3ターミナルへの行き方

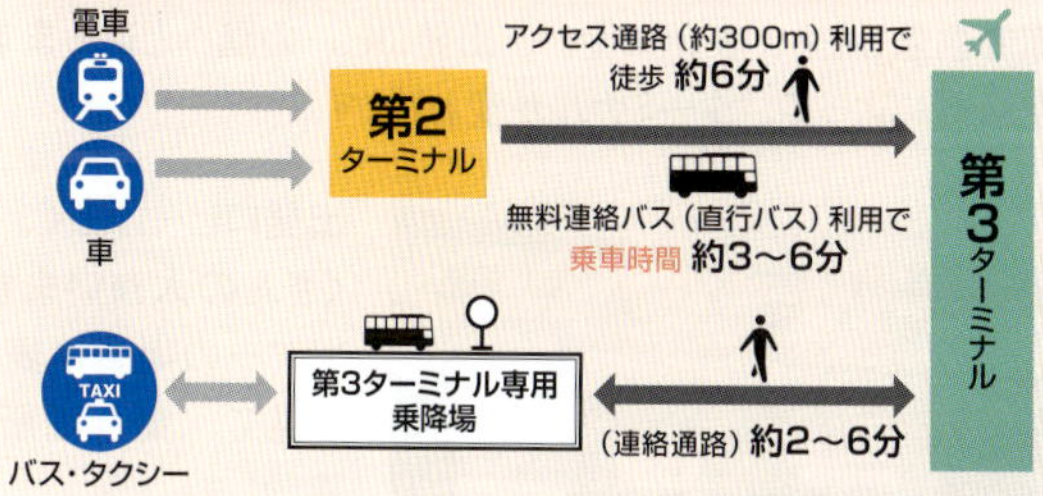

電車の場合は表示に従い出発ロビーへ

電車の場合は、ターミナルの地下に到着します。改札を抜けたら、表示に従って、エスカレーターやエレベーターを使って、国際線の出発ロビーを目指しましょう。

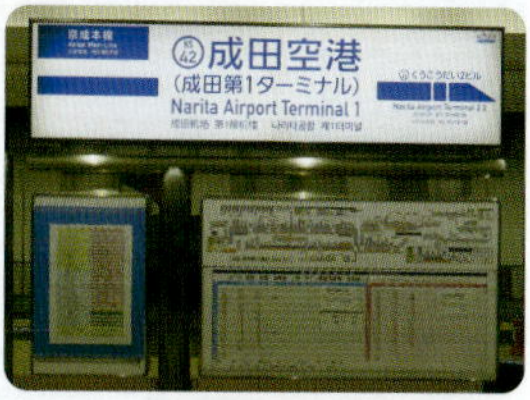

駅の改札口など空港の入口付近には、海外旅行保険の代理店、外貨両替所、トラベルグッズや医薬品を扱うお店が揃っていますが、出発ロビー階やレストラン・ショップ階にもあるので、必ずしもここですませなくて大丈夫です。

出発ロビーへ向かう

電車で到着したら、表示に従い、出発ロビーの階へと進みます。航空会社によって、ターミナルが変わります。

出発ロビーは広く、たくさんの人がいます。ツアーの場合は表示を見て、集合場所を確認しましょう。

出発ロビー階には、コインロッカーや Wi-Fi などのレンタルブースがあります。また、液体物にかんするモニター表示もあるので、余裕があれば見ておきましょう。

集合場所へ行き、チェックイン

パックツアーの場合、事前に旅行会社から指定された集合場所へ行き、航空券を受け取ります。集合場所は団体用カウンター内に設置されていることがほとんどです。

集合場所やチェックインカウンターがわからないなど、不明な点があったらご案内カウンターへ。大きなクエスチョンマークが目印です。

航空券を受け取ったら、通路脇にある案内板で自分が搭乗する航空会社のカウンターを確認し、チェックインをしに向かいます。

チェックインをすると、搭乗券を手渡されます。搭乗時刻と搭乗口が印字されているので確認しておきましょう。

個人旅行なら自動チェックイン機がスピーディー

個人旅行等で前もって航空券を持っている人や、Eチケット（電子航空券）で予約した人は、航空会社により自動チェックイン機の利用が可能。もちろんその場で荷物も預けられます。また最近は、航空会社の公式サイトから事前に自宅のパソコンでチェックインできる「WEBチェックイン」もよく利用されています。

出発までにできること

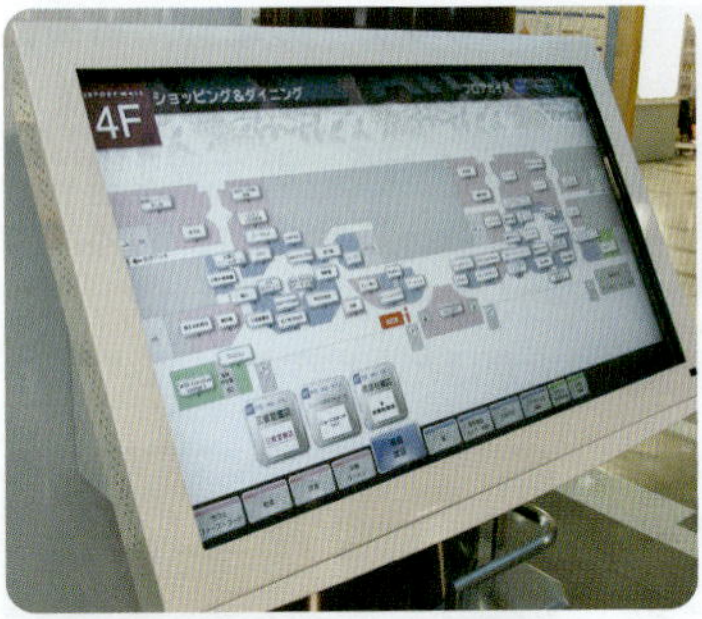

空港内の施設に関して知りたいことがあったら、レストラン・ショップ階にいくつかあるタッチパネル式のデジタルサイネージを利用すると便利。多言語対応となっています。

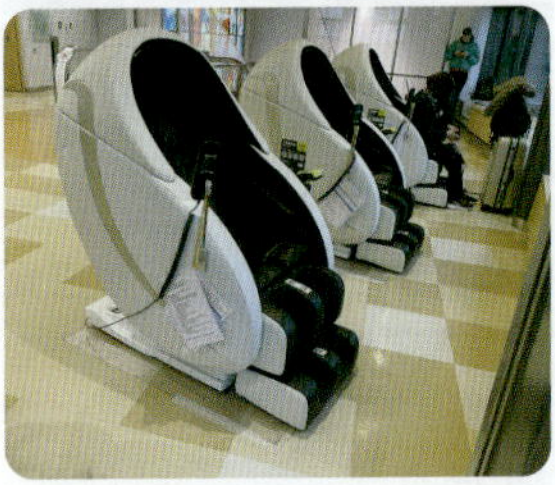

成田空港の各所には、自動マッサージ機（有料）が設置されています。体をほぐしながらゆったりとフライトを待つのもおすすめです。

成田空港内にはレストランやショップがたくさん揃っています。空港限定販売の品を置いているところもあるので、お土産選びにも最適。ただし、100mℓ以上の液体は機内持ち込み禁止（出国審査で没収）になるので、購入の際には注意が必要です。

各銀行が出店していて、外貨への両替もできます。両替するときは、備え付けの両替用紙に記入し、日本円と一緒に窓口に提出します。

海外のお土産をネットで選んで、自宅で受け取れる「予約宅配サービス」があります。海外でお土産を気にせず、荷物も増えません。WORLD SHOPPING PLAZA（https://shopping.jtb.co.jp/wsp/）がおすすめです。

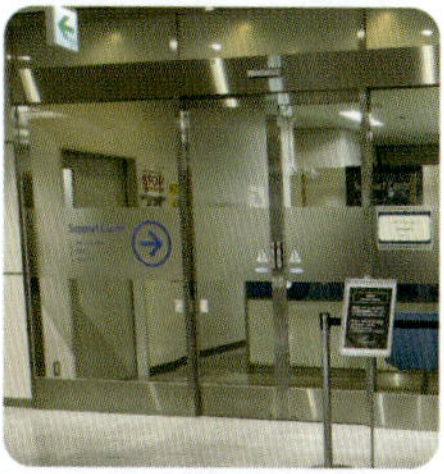

各ターミナルのサポートセンターでは、無料インターネット端末の貸し出しを行っています。旅先の情報などを調べたいときに便利です。

出国手続きは早めに

第２ターミナルでは、出国手続きを終えてから、便によってはシャトルに乗って出発コンコースまで移動する場合があります。チェックイン時に搭乗口の場所はしっかり確認を。

出国手続きは、テロ対策もあって厳しくなっています。混雑して時間がかかることもあるので、なるべく早めに出発ゲートへ向かい、手続きをすませるようにしましょう。

空港での到着の流れは？

帰国編

無事日本へ戻ったら入国手続きなどをスムーズに行い、たくさんの旅の思い出を胸に気持ちよく家へと帰りましょう。帰国時の流れを、成田空港を例にわかりやすく紹介していきます。

飛行機を降りたら入国手続きをする

旅先によっては、「健康状態の質問表」を機内で配られることがあります。その場合は、記入のうえ検疫官に渡します。

「日本人」または「居住者」の表示のあるカウンターに並び、順番が回ってきたらパスポートを見せます。

預けた荷物を受け取ってから、税関検査台へ進み、チェックを受けます（173ページ参照）。

出迎えの人と到着ロビーで対面

税関を通過したら到着ゲートを出ます。パックツアーなら、ここで解散となります。出迎えの人はゲート前のロビーで待っているはず。成田空港第１ターミナルの場合、ゲートはＡとＢの2つがあります。

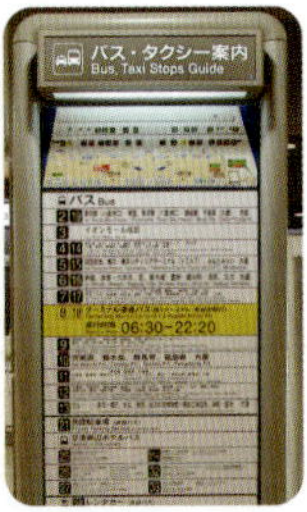

各交通機関で帰路へ。リムジンバスやタクシーの乗り場は、到着ロビー階にあります。電車の場合は、地下１階まで下りて乗車。

帰る前にすませるとラク!

使い道のない外貨は、空港の両替所で日本円に戻して（紙幣に限る）おきましょう。硬貨を両替できる機械もあります（174ページ参照）。

重い荷物や増えてしまったお土産を自宅まで持ち帰るのは大変。到着ロビー階にある宅配便カウンターから送ることができます。

持ち物の準備はすべてOK?

チェックイン時に預ける大きな荷物と、機内に持ち込む手荷物に分けて荷造りします。必須アイテムを、まずはしっかりと準備したうえで、旅先に応じて持って行くべきアイテムを考えましょう。

荷物はこうして持って行くと便利

1 貴重品ケース（機内に持ち込む）

- 首から下げるタイプのものなど、肌身離さず持ち歩けるものを選ぶ
- ウエストポーチなどもOK。体の横側や後ろではなく、前側に装着を
- しっかりと口が閉じ、貴重品が上手に整理収納できるものを選ぶ
- 上着の内側などに隠せる形のものだと便利

パスポートなどを入れ、旅行開始から終了まで肌身離さず持ち歩くケースです。スリやひったくりの被害にあいにくく、一方で中身をすぐに取り出せるものを選びましょう。

2 ショルダーバッグ（機内に持ち込む）

- ひったくりにあわないよう、わきに抱えられる形のものがよい
- スリにあわないよう、ファスナーなどで口が閉じるものを選ぶ
- 旅先で持ち歩くこともあるので、軽いほうがよい
- こわれにくく、撥水性のある素材のものが便利
- バッグの中に内ポケットがあると貴重品を入れやすい
- 縦・横・高さの合計115cm以内、重さ10kg以内が持ち込める目安

旅先での観光時に持ち歩くこともあるバッグです。持ち運びやすく、かつスリやひったくりの被害にあいにくい形のものを選ぶとよいでしょう。

3 スーツケース（チェックイン時に預ける）

- カギ付きが安全。アメリカへの旅行者はTSAロック（※）付きのものをチョイス。手持ちのスーツケースがTSAロックなしならば、「TSAロック搭載スーツケースベルト」のようなグッズを使うのも手
- 重量制限は中身含めて約23kg（エコノミークラス）が目安だが、航空会社や行先によって異なる。航空会社やクラスによって預けられる個数も異なる（大抵は1個、アメリカ方面は2個の場合も）
- キャスターは強度があり安定したものを選ぶとよい
- 布製よりも、硬くこわれにくい素材のもののほうが安全
- 重量制限があるので、軽いもののほうがよい
- ベルト、スカーフ、タグなど、ひと目で自分のものとわかる目印を

旅先での観光時は、ホテルの部屋などに置いておく荷物です。お土産を詰めるスペースを考慮し、少し大きめのサイズを選ぶとよいでしょう。

（※）アメリカ運輸保安局に認可・容認されたロック。職員がマスターキーで開錠して検査することがある。

1. 貴重品ケースの中には…

□**パスポート**　有効期限も確認しておこう

□**航空券（E チケット控え）**
家族にコピーを渡しておくとよい

□**クレジットカード**
海外で使いやすいカードを数枚持って行く。有効期限も確認

□**日本円／外貨**　ここだけにすべてを入れず分散しておく

□**海外旅行保険証**　保険者番号などの冊子も携帯

□**宿泊予約確認書／旅行日程表**
家族にコピーを渡しておくとよい

□**各種証明書**
国際運転免許証や持病のある方は英文カルテなど

□**緊急連絡先リスト**
連絡先をまとめたもの。万が一の紛失や盗難に備えて

※貴重品の最適な保管・携帯の仕方は、旅先や宿泊するホテルによって変わってきます。旅行会社のアドバイスもぜひ参考にしてください。

不要な免許証やカードは置いていく

日本の運転免許証、さまざまな銀行のキャッシュカード……、万が一海外で盗難などにあった場合、紛失したすべてのカードの停止手続きを旅先で行わなければいけなくなります。普段大切に持ち歩いているものでも、旅行期間中は不要ならば置いていきましょう。

2. ショルダーバッグの中には…

□**日本円／外貨**　お金は、貴重品ケースと分散して所持

□**スマートフォン**　搭乗前に電源OFFに。充電器も忘れずに

□**カメラ**　空港から出たらすぐに取り出せると便利

□**腕時計**
普段しない人もあると便利。安いものでOK

□**パソコン端末**
持参するなら、本体は機内に持ち込もう

□**ペン**　機内で税関申告書を書く際に必要

□**メガネ、コンタクトレンズ**
目薬やサングラスなどもあると安心

□**ガイドブック**　機内で読むときのために持ち込んでおこう

□**常備薬**　酔い止めの薬も持って行くと安心

□**上着、ストール**　防寒や毛布がわりになる

□**ハンカチ、ティッシュ、ウエットティッシュ**
ウエットティッシュは何かと便利でおすすめ

□**簡易スリッパ、折り畳みスリッパ**　機内で靴から履き替えると足がラク。また、スリッパがないホテルも多い

□**安眠グッズ**　首が疲れにくいU字型空気枕、睡眠を妨げられたくない人はアイマスクや耳栓を

□**マスク、のど飴**
機内が乾燥しがちなので、あると便利

3. スーツケースの中には…

□**衣類、下着**　旅先に応じて用意。防寒・防風・防水用ジャケットやダウンも 1 枚あると便利。使い捨ての下着ならお土産スペースを確保できる。

□**靴、サンダル**　用途に応じて用意。履きなれたものを持参

□**パジャマ**　通常ランクのホテルでは、パジャマが用意されていないことも

□**帽子**　日差しや寒さよけに。折り畳めてバッグに入ると便利

□**洗面用具**　念のため歯磨きセットやボディソープを持参

□**化粧品**　男性はひげそりも持参したほうがよい

□**タオル**　フェイスタオルは便利。壊れやすいものを巻くのにも使える

□**変換プラグ**　日本とは差し込み口の形が違うので充電に必要

□**ドライヤー**　ホテルに置いていない場合も。海外対応のものを持参

□**洗濯セット、裁縫セット**　洗濯や修繕で衣類を最小限に抑えられる

□**救急セット**　胃薬、ばんそうこう、爪切りなどがあると便利。渡航先・季節によっては、虫よけスプレー、カイロ、日焼け止めも

□**インスタント食品、補助食品**　万が一、現地の食事が口に合わなかった場合のために。割りばし、ウエットティッシュもあると便利

□**ショルダーポーチ**　ホテルでの朝食時などちょっとしたときに便利

□**ビニール袋**　ジップ付きのものも数枚あると何かと役立つ

□**パスポートのコピー、顔写真 2 枚**　パスポート紛失時に必要となる

□**雨具**　晴雨兼用の折り畳み傘が便利

□**目覚まし時計**　寝坊対策に。機内でアラームが鳴らないよう電池を抜く

□**トイレットペーパー**　海外はトイレ事情が良くない。流せるティッシュも便利

□**その他**　自撮り棒、海外通貨用の財布、衣類圧縮袋、水着なども

旅先の気候や気温を調べよう!

旅先が「雨季か? 乾季か?」「寒いか? 暑いか?」をあらかじめ調べておくと、持参する持ち物の取捨選択に役立ちます。

チップはどんなときに必要？

チップは「サービスに対する謝礼」の意味で渡します。チップのある地域ではサービス業の賃金が低く設定されていることが多く、サービス料としてもらうチップが重要な収入の一部となっています。

チップが必要な国は？

必要な国	感謝を表す程度
アメリカ、カナダ、メキシコ（観光地）、エジプト（観光地）、アラブ首長国連邦（観光地）　など	ヨーロッパ諸国、オーストラリア、東南アジア、サウジアラビア　など　※良いサービスを受けてうれしかったときに払う認識でOK

チップが必要な相手は？

ホテルスタッフのサービス、レストランやバーでの飲食サービス、タクシーや送迎車のサービス、観光案内などのアクティビティーのサービス、トイレの施設利用あたりを頭に入れておけばOK。洋服店、土産もの店、スーパーなどで買い物をする場合には、チップは必要ありません。ファストフード店も不要です。

チップのマナーは国ごとに変わる

アメリカやカナダでは、チップは硬貨ではなく、お札で渡すのが、基本のマナーです。チップのことを考えて両替し、すぐに手渡せるよう、内ポケットなどに入れて持ち歩くとよいでしょう。一方、ヨーロッパでは、1ユーロや2ユーロ硬貨がチップとして使用されます。

チップの渡し方

大きく4つの渡し方があります。

1 料金の約 10 ～ 20%（相手によって異なる）を上乗せし、切りの良い数字で支払う

主な場面

- レストラン料金の支払い
- タクシー料金の支払い
- アクティビティー料金の支払い

注）国によりますが、最近レストランなどで多いのは、チップもクレジットカードで支払うという方法。食事後、ウエイターが持ってくるクレジットカードの明細に「Tip（チップ）」や「Gratitude（感謝の意味）」と書かれている欄があるので、ここに自分が払いたいチップの金額を記入。一般的には 10 ～ 20%（国や店によって異なります）。さらに「TOTAL（合計）」の欄にチップを含めた合計金額を記入してサインします。

2 日本円で 100 ～ 300 円程度の価値のお札（国によって異なる）を置いておく

主な場面

- ホテルのベッドメイキングへの謝礼（毎朝枕元に置く）

3 日本円で 100 ～ 300 円程度の価値のお札（国によって異なる）をそのつど手渡しする

主な場面

- 荷物を運んでくれるホテルのポーター／ベルボーイへ
- タクシーを呼び、ドアを開け閉めしてくれるホテルのドアマンへ
- ルームサービスなどの届け物をしてくれるホテルスタッフへ

4 料金の約 15 ～ 20%（相手によって異なる）を現金で手渡しする

主な場面

- エステやスパなどでの施術者への謝礼

チップが不要な場合

- メニューや伝票にあらかじめチップ（サービス料）が含まれているとき
- ファストフード店での飲食は、片付けがセルフサービスなので不要
- パックツアーに参加しているとき（ツアーコンダクターがまとめて支払ってくれる）

はじめに

旅行経験が少ない人はもちろん、いくら国内旅行に慣れている場合でも、はじめての海外旅行となれば、期待に胸が高鳴る半面、勝手が違って不安も生じるもの。本書では、準備段階から帰国するまで順を追いながら、海外旅行初心者が知っておきたいことすべてをわかりやすく紹介しています。

邪魔にならないポケットサイズなので、〝旅の友〟として持ち歩き、手軽にパッと開いてお役立てください。

CONTENTS

Chapter 3 現地での楽しみ方

Chapter 5 帰国する

Chapter 6 お役立ちリスト

旅のスタイルを決めよう！

はじめてならパックツアーが安心

海外旅行のスタイルには、旅行者本人がすべて手配する個人旅行と、旅行会社が主催するパックツアーがあります。それぞれのメリット、デメリットは下記のようになっています。海外旅行に慣れていて、思う通りの行動をしたい人ならば個人旅行もよいでしょう。しかし**はじめて海外旅行をするという人は、面倒な手続きを旅行会社が行ってくれるパックツアーが安心です。**すべて添乗員付きの至れり尽くせりなものから、航空券とホテルの手配だけのシンプルなツアーまであり、さまざまなタイプが揃っています。

	個人旅行	パックツアー
メリット	●すべて自分の好きなように計画できる。 ●現地の人との交流の機会が多く、“旅の醍醐味”を味わえる。	●ほとんどの手続きを旅行会社が代行してくれる。 ●トラブルの際にも対処してくれるので安心感がある。
デメリット	●すべての手配を自分で行わなければならない。 ●旅行中のトラブルは自分で解決しなければならない。	●スケジュールが組まれていて途中変更ができない。 ●「出発日限定」などの制限があり、自由がきかない。

パックツアーを選ぶときのポイント

●正規の旅行会社に申し込む

パンフレットや窓口に「国土交通大臣登録旅行業第○号」と明記されている、正規の旅行会社に申し込むこと。

●自分に合ったタイプを選ぶ

最近のパックツアーの内容は実に多彩。すべてまかせられる「フルタイム型」はもちろん、個人旅行のような感覚で旅を楽しめる「フリータイム型」もあるので自分に合ったタイプを。

	フリータイム型	フルタイム型
メリット	●低価格な設定が多い。航空券とホテルだけがセットで、滞在中はほとんどフリータイムのものもあり、自由に動きやすい。	●手配についてはすべて旅行会社が代行してくれる。滞在中も添乗員が世話をしてくれるので安心。
デメリット	●フリータイムの間にトラブルが起きたときは、自分で対処しなくてはならない。	●団体行動で自由がきかず、食事のメニューなどもあらかじめ決まっていることが多い。

●あまりにも格安なツアーは要注意！

同じ場所へのツアーでも、出発日や宿泊するホテルのランク、さらに航空会社や出発&帰国便の時刻によって、料金にかなり差が出ます。また、LCC（格安航空会社）の場合、「キャンセルができない」「遅延や欠航が多い」「払い戻しや他社便への振替がない」「預ける荷物や機内サービスは有料」などの条件があります。あまりに安いツアーは条件が悪いこともあるので、しっかり確認を。

旅行のプランニングカレンダー

旅の目的は絞り込んで

旅行を計画する際は、まず何をしたいかを考えて。買い物やグルメを楽しむ、リゾートでのんびりする、史跡を訪ねるなど、**旅の目的を絞り込むと、行き先や日程、予算など具体的なイメージがしやすくなります。**あれこれ欲張りすぎて中途半端にならないよう、じっくり検討しましょう。

情報収集はしっかりと

旅行の目的が決まったら、情報収集にとりかかります。**ガイドブックや旅行雑誌、インターネット**がおもなものですが、**無料のツアーパンフレット**にも、ホテルの内容や観光スポット情報、観光地周辺の市街地図や写真が載っていて役立ちます。はじめての海外旅行を満足いくものにするには、情報収集が何より大切。しっかり調べたうえで、左ページのような流れで旅行の準備を進めていきます。

Time Schedule

～半年前	**情報収集**　インターネットなどを有効活用して、現地情報、ツアー情報などをできるだけ集める。
～3か月前	**旅行の申し込み**　行き先と日程が決まったら旅行会社に申し込む。年末年始やゴールデンウイーク、夏休みなどのピーク時は、早めでないと予約が取れないこともあるので注意して。
～2か月前	**パスポートやビザの取得**　パスポートを持っていない人は申請を。行き先によってビザが必要な場合もある（28～32ページ参照）。
～1か月前	**キャンセル料に注意！**　通常、出発日の30日前からパックツアーのキャンセル料が発生するので注意。
～1週間前	**荷物チェック**　パックツアーの日程表が届く。空港までの交通手段を確認のうえ、切符などを手配する。旅行に必要なものの購入やレンタルは早めに。外貨やトラベラーズチェックなどの準備もしておこう。
前々日	**荷造り**　スーツケースなどに荷物を詰める。
前日	**荷物の最終確認**　詰め忘れた物がないか確認。留守中のペットや植物の世話の手配をし、新聞を止めておく。
当日	**手荷物&戸じまりの確認**　パスポートなどの手荷物を確認し、しっかり戸じまりをする。遅れることのないよう、時間には余裕をもって。2時間前には空港に着くように。

備忘録

万が一のときのために控えておきましょう

- ●氏名
- ●住所
- ●電話番号　（　　）
- ●生年月日
- ●血液型　型
- ●緊急連絡先
- ●旅券番号
- ●クレジットカードナンバーと連絡先
  - ① ナンバー　－　－　－
    - 会社名　連絡先
  - ② ナンバー　－　－　－
    - 会社名　連絡先
  - ③ ナンバー　－　－　－
    - 会社名　連絡先
- ●海外旅行保険
  - 会社名　連絡先
- ●現地救急番号
  - 警察　救急車
- ●日本大使館連絡先
- ●リコンファーム（帰国便の再確認）
  - 便名　連絡先
- ●ツアー名
  - 連絡先

Chapter 1

旅の準備

パスポートを取得する

5年用と10年用

パスポートには有効期限が5年と10年の2種類あります。新規申請はオンラインでもできます。**申請から発給まで2週間～1か月程度かかるので早めの準備を。**

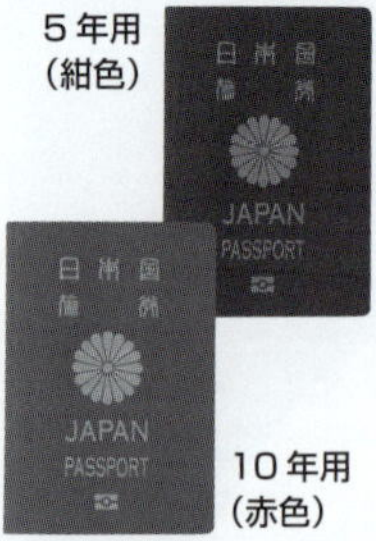

5年用（紺色）

10年用（赤色）

査証ページの背景には葛飾北斎「冨嶽三十六景」が採用される。

新規申請に必要なもの

- **一般旅券発給申請書**
  （都道府県の旅券課窓口にある。ダウンロード申請書もある）1枚
- **戸籍謄本**（6か月以内に発行のもの）1通
- **住民票の写し**（6か月以内に発行のもの）1通
  （ただし住基コードがある人は不要）
- **身元が確認できるもの**（運転免許証など）
- **写真**（6か月以内に撮影。縦4.5cm×横3.5cm）1枚

受領に必要なもの

- **申請時に受け取った旅券引換書**
- **手数料** ※オンライン申請は400円割引

10年（申請時に20歳未満の場合は取得不可）	1万6300円
5年・・・・・・・・・・・・・	1万1300円
5年（申請時に12歳未満の場合）・・・	6300円

パスポート取得までの流れ

1 オンラインまたは旅券課で申請

必要書類を揃え、住民登録している都道府県の旅券課で申請する。本人以外の申請も可能。

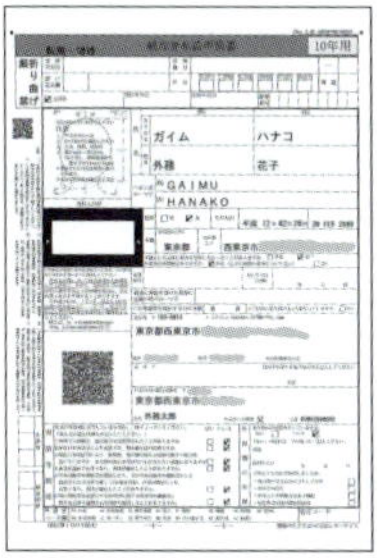
10年用
ガイム ハナコ
外務 花子
GAIMU
HANAKO

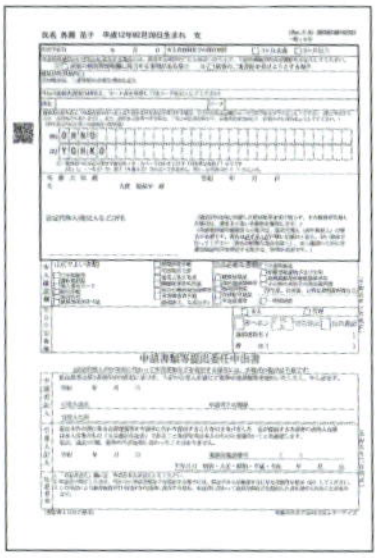
申請書類等提出委任申出書

2 旅券課に行き、受け取る

受け取りは必ず本人が行くこと。申請時に受け取った旅券引換書、手数料を持って旅券課へ。

赤ちゃんもパスポートが必要

以前は親のパスポートに併記できましたが、現在は生まれてすぐの赤ちゃんにも、1人1冊のパスポートが必要です。新規申請に必要なものは、成人の場合と同じです。身元確認書類は、母子手帳や健康保険証など（各都道府県で異なります）。写真は、首がすわっていない赤ちゃんの撮影に応じる写真屋さんもありますし、自宅で無地のシーツを敷いて上からまたぐようにしてご自身で撮るのもいいでしょう。ただし、申請書に記載された規格（無帽で正面を向き、頭頂からあごまでが34mmプラスマイナス2mmであるなど）を満たす必要があります。

パスポートを受け取ったら確認しよう

●旅券番号
紛失した場合に必要なので控えておくと安心
（26 ページの備忘録に書き込むとよい）

●有効期間
失効まで短いと入国できない場合もある

●サイン
字体はローマ字でも日本語でもOK

パスポートを受け取ったら、自分の顔写真と各欄が正しいか確認する。顔写真ページにプラスチック機材を用い、文字や顔写真を印字・印画した新型 IC チップを搭載しているので、曲げたりねじったりしないこと。

取得済みの人は

パスポートの有効期間が短いと入国できない（渡航先や滞在期間によっては3～6か月間以上必要）場合があるので、**有効期間に問題ないかチェックを。**

パスポートは、有効期間が1年未満になったら更新可能。必要な書類は新規申請と同じですが、氏名と本籍地に変更がなければ戸籍謄本は不要。身元確認も現在のパスポートで事足ります。

名前が変わったら

結婚するなどして名前が変わった場合、旅行の申し込みを新姓でしていたら要注意。**パスポートが旧姓のままだと、空港でのチェックイン時に航空券の名前と違うという理由で搭乗できなくなります**（再発券手数料を支払ったうえで航空会社が名前変更の手続きをしてくれる場合もあり）。パスポートは旧姓のままでも使えますが、その場合は航空券やクレジットカードなどの名義も旧姓で統一されていれば問題はおきません。パスポートの名前を新姓にするなら、①新規申請（5年間or10年間有効、28ページ参照）か、②記載事項変更申請（手持ちのパスポートの期間満了日まで有効）が必要です。

パスポートの記載事項変更申請に必要なもの

- **有効中のパスポート**
- **一般旅券発給申請書（記載事項変更申請用）**（都道府県の旅券課窓口にある）**1枚**
- **戸籍謄本**（新しい氏名、本籍地で6か月以内に発行のもの）**1通**
- **パスポート用写真**（6か月以内に撮影のもの。縦4.5cm×横3.5cm）**1枚**
- **手数料　6300円**

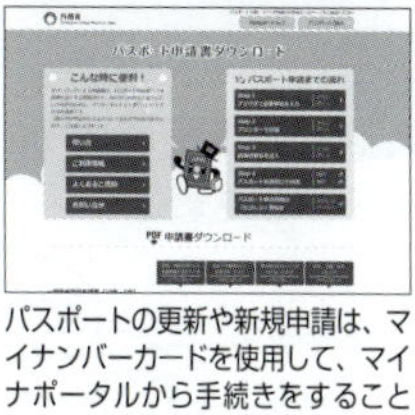

パスポートの更新や新規申請は、マイナンバーカードを使用して、マイナポータルから手続きをすることで、オンラインによる申請が可能です。手数料が400円割引され、戸籍謄本が不要となり、窓口に申請書を提出する手間がはぶけます。

ビザを取得する

ビザの要、不要を確認

ビザ（査証）は、渡航先の国が発行する「入国許可証」のようなもの。1週間程度の観光旅行では必要ない国がほとんどですが、事前に確認しておきましょう。必要となった場合は、渡航先の在日大使館や領事館に出向いて申請しなければなりません。**パックツアーなら旅行会社が一括して行ってくれるので、まかせたほうが安心**です。

ビザ取得までの流れ

1 必要書類を揃える

パスポートや申請書、写真などが一般的だが、国によって違うので大使館や領事館に確認する。オンライン申請で、デジタルビザを発行する国も増えている。

2 大使館または領事館で申請

ビザの交付にかかる日数は、早くて翌日、遅いと10日くらいとさまざま。余裕をもって申請をして。

3 受け取る

再度申請場所へ出向いてビザを受け取り手続き終了。

イエローカードと予防接種

指定地域の場合に必要

感染症を防ぐため、アフリカなど**WHO（世界保健機関）が指定した地域へ渡航するときはイエローカードが必要**です。検疫所や医療機関などで規定の予防接種を受けると発行（2005年以降は黄熱病のみ対象）。指定地域以外でも、心配な感染症があれば、任意で予防接種を受けられます。

イエローカード取得までの流れ

1 予防接種を予約する

希望の接種場所に、接種可能か確認したうえで予約を入れる。料金も確認。

2 接種後、イエローカードを受け取る

パスポートを持参して黄熱病の予防接種を受ける。イエローカードをその場で発行。

3 検疫所で承認印をもらう

所定の検疫所に出向き、承認印をもらう。

代表的な予防接種の種類

病名	対象
黄熱	感染リスクのある地域に渡航する人
A型肝炎	途上国に中・長期（1か月以上）滞在する人。特に40歳以下
B型肝炎	血液に接触する可能性のある人
破傷風	冒険旅行などでけがをする可能性の高い人
狂犬病	イヌやキツネ、コウモリなどが多く、近くに医療機関がない地域へ行く人
ポリオ	流行地域に渡航する人
日本脳炎	流行地域に長期滞在する人（主に東南アジアでブタを飼っている農村部）
腸チフス	衛生状態が不十分な地域に渡航する人
髄膜炎	サハラ以南のアフリカへの渡航者、メッカ巡礼者
コレラ	流行地域で長期滞在する旅行者

※指定地域の確認は、日本検疫衛生協会（03-3527-9135）まで。

海外旅行保険に加入する

転ばぬ先の杖

旅行中の事故や病気、盗難、紛失といった場合に頼りになるのが保険。**旅行期間中のみに適用される海外旅行保険に入っておくと安心**です。旅行保険がついているクレジットカードもありますが、補償が不十分なケースもあるので事前に内容を確認しておき、併用も検討しましょう。

海外旅行保険のおもな補償内容

- 治療費用
- 後遺障害
- 死亡
- 携行品の紛失・破損
- 賠償責任
- 救援者費用

※補償内容は保険会社や保険料によって異なります。

海外旅行保険の加入方法

- 保険会社に直接出向いて加入する
- 旅行会社に代行して加入してもらう
- 保険会社のホームページでオンライン加入する
- 空港にある保険会社のカウンターで加入する

保険料は掛け捨てで、旅行日数や補償金額で変わります。自宅を出てから帰国後 48 時間もしくは 72 時間以内が補償期間ですが、空港で加入した場合は、自宅から空港までは対象外となるので注意。

国外運転免許証と国際学生証

国外運転免許証の取得方法

ハワイやグアム、サイパンといった場所では、日本の運転免許証でもレンタカーを借りられる場合がありますが、基本的に、**海外でドライブやツーリングをしたい人は、国外運転免許証の取得が必要**です。有効期間は1年。期間内であれば、くり返し海外に行く場合でも有効です。

必要なもの

- 国内運転免許証、古い国外運転免許証
- パスポート
- 写真

(6か月以内に撮影のもの・縦4.5cm×横3.5cm)1枚

- 申請書（窓口で入手）　●手数料2350円
- 印鑑が必要な地域もあり

住民登録している都道府県の運転免許試験場、運転免許更新センター、指定警察署で申請すると即日発行される。

国際学生証の取得方法

学生ならだれでも取得できるのが国際学生証。**各国の文化施設等の入場料が割引、または無料**になるのでぜひ利用を。ISIC協会ホームページによるオンライン申請のみ。

必要なもの

◎学生証のコピーまたは在学証明書
◎顔写真（横450×縦540px）1枚
◎HP（https://isicjapan.jp）から申請
◎手数料2200円

お金の準備

海外での支払方法は3通り

海外で買い物などをして代金を払うときは、**現金、クレジットカード、電子マネーの3通りの方法**があります。それぞれのメリット、デメリットをよく理解したうえで準備しましょう。

	メリット	デメリット
現金	●いつでも、どこでも、すぐに使うことができる。	●盗難や紛失の際には、戻ってこない可能性が高い。
クレジットカード	●身分証明書にもなる。多額の現金を持ち歩かなくてすむ。	●カードの加盟店以外では使えない。データが悪用される心配がある。
電子マネー	●Apple PayやGoogle Pay、WeChat Pay（中国圏）などは、スマホやクレジットカードにひもづけて使えて便利。	●使えない国や店もある。SuicaやPayPayなど、日本の方式はほぼ使えない。

現金

外貨の購入方法

ドルやユーロなど主要国の外貨は、**「外国為替公認銀行」の表示がある銀行**で購入できます。購入したい外貨の種類を用紙に記入して窓口に提出し、該当する日本円で支払います。硬貨への両替はできませんが、現地に到着した際、タクシー代やチップなどのこまかい支払いのため、**小額紙幣をまぜてもらう**と使いやすいでしょう。

お金の持ち出しは100万円まで

海外に行くときに持って行けるのは、100万円相当額（外貨も含む）まで。これを超える場合は税関で「支払手段等の携帯届出書」を提出する必要があります。

1枚あると便利な国際キャッシュカード

国際キャッシュカードは「インターナショナルキャッシュカード」とも呼びます。日本の円預金口座から、旅行先のATMで現地通貨を引き出せます。引き出した現地通貨は日本円に換算され、手数料とともに日本の円預金口座から引き落とされます。三菱UFJ銀行、イオン銀行などさまざまな銀行でつくることができます。

クレジットカード

便利なクレジットカード

多額の現金を持ち歩かなくてすみ、カード1枚で買い物ができるクレジットカード。後払いで、その場はサインをするだけなので、**旅先で残金を気にする必要がなく、ホテルのチェックインやレンタカーを借りるときなどには身分証明書にもなって大変便利**です。

万が一紛失したときのために、カード会社の海外連絡先を 26 ページの備忘録に控えておくと安心。

カードをつくるなら早めに

新規にクレジットカードをつくる場合、**カードが手元に届くまで1か月ほどかかる**ので早めの申し込みを。クレジットカード会社や提携している銀行などで受け付けています。

おもなクレジットカードの申し込み先

VISA	提携するカード発行会社もしくは銀行
マスターカード	提携するカード発行会社もしくは銀行
アメリカンエキスプレス	自社（https://www.americanexpress.com）と一部提携銀行など
JCB	自社（https://www.jcb.co.jp/）と提携するカード発行会社もしくは銀行
ダイナースクラブ	三井住友トラストクラブ（https://www.diners.co.jp）と一部提携銀行など

クレジットカードでの支払いの流れ

1 カードが使えるか確認

支払いの際、クレジットカードが使えるか確認する。店の入口やレジ横に表示されたマークのカードは使用できる。

2 店員に伝える

クレジットカードでの支払いであることを伝える。

3 カードを渡す

クレジットカードを渡し、スキミングなど不審な動きがないかしっかり見ておく。

4 伝票を確認してサイン

伝票に書かれた金額が正しいか確認してサインをする。

5 必ず控えをもらう

カードを返してもらい、伝票の控えを必ずもらう。帰国後、支払い明細書が送られてきたら控えと照合すること。

カードの持ちすぎに注意

1種類のクレジットカードのみだと、店によっては使えないこともあったり、セキュリティロックがかかったりすることもあるので複数持参すると安心。かといって、あまり枚数が多すぎても、**盗難や紛失の際、被害が大きくなり、再発行の手続きも大変**です。2、3枚にとどめて。

電子マネー

世界に拡大中

世界中に電子マネーが普及し始めていますが、国によって状況はまちまちです。**その国ならではの決済方法を利用していたり、チャージ式のプリペイドカードが普及していたりするところもあります。**また、中国圏では、WeChat Pay というバーコード決済が普及しています。訪れる国の状況を確認することがまずは大切です。

比較的使いやすいのは、VISAやマスターカードなどのタッチ決済に対応している、Apple Pay や Google Pay などです。スマホに登録すれば、スマホ決済もできるようになります。

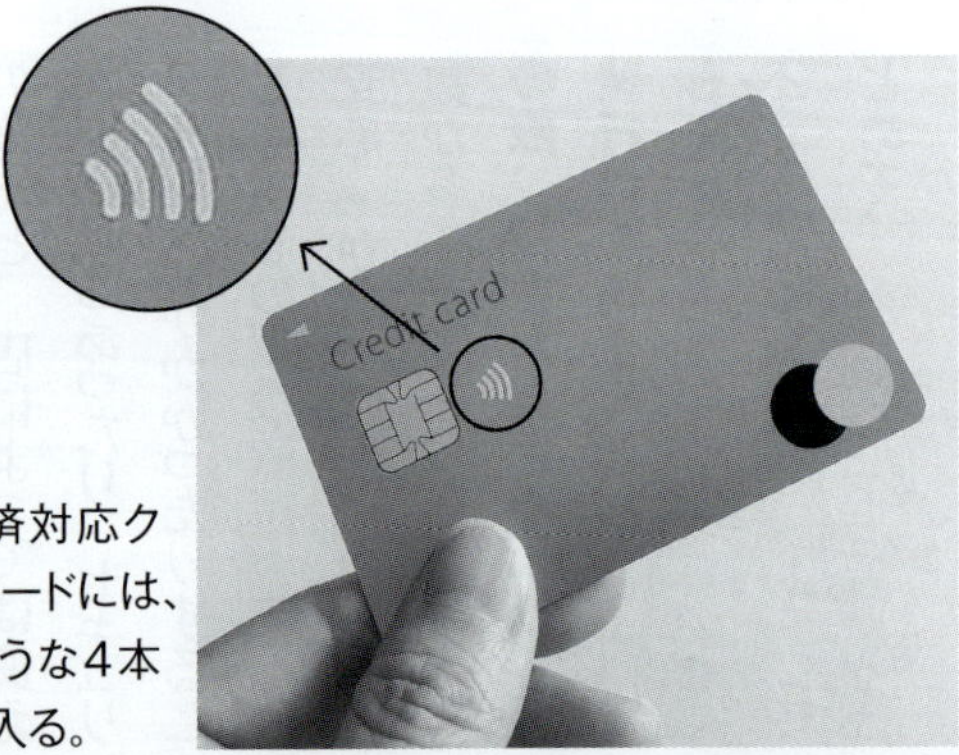

タッチ決済対応クレジットカードには、写真のような４本の曲線が入る。

日本のしくみは使えない

日本ではSuicaやPASMOなどの交通系のタッチ決済やPayPayなどのQRコード決済が広く普及していますが、**独自の規格を採用しているため現時点では海外ではほとんど利用できません**。

ただし、海外のキャッシュレス決済との提携が進んでいたり、規格の統一も検討されていたりするので、今後は変化していく可能性もあります。

現在は日進月歩の勢いで、電子マネーの使用が拡大し、キャッシュレス化が進んでいます。中には、現金が使いにくいという国もあるので、旅行に行く前に、その国の最新動向をしっかりと調べて対応しておきましょう。

スマホのアプリで両替できたり、連携したデビットカードで買い物したり、現地のATMで引き落とせたりする便利なサービスもある（「Revolut」「Wise」など）。

旅行バッグとパッキング

持ち込めるサイズをチェック

海外旅行に持って行く荷物は、**機内に預けるスーツケースなどの大きなバッグと、機内に持ち込める小さなバッグの組み合わせが一般的**（ハンドバッグなどの身の回り品を除く）。荷物が少なければ、機内に持ち込めるサイズのキャリーバッグでもよいでしょう。

機内持ち込み手荷物

サイズや重量は航空会社によって異なる。

<参考／JAL（100席以上）の場合>

1個あたり縦・横・高さの合計 115cm 以内（幅55cm×高さ40cm×奥行 25cm以内）、10kg 以内

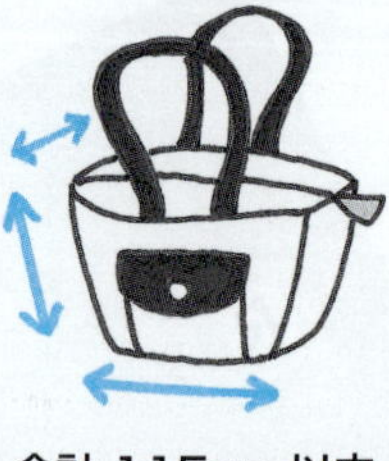

合計 115cm 以内

機内預け荷物

サイズや重量は航空会社によって異なる。

<参考／JAL の場合>

- エコノミークラスでは、縦・横・高さの合計が203cm 以内で23kg までのもの2個が限度。
- 見つけやすいよう、ベルトやスカーフを目印に。

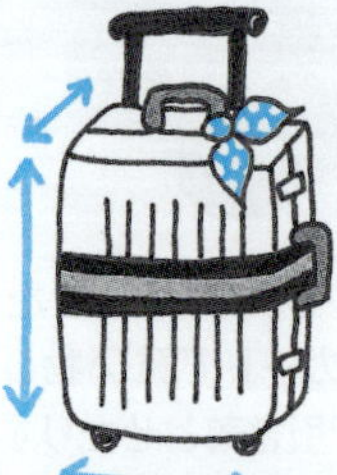

合計 203cm 以内

スーツケースはレンタルしてもOK

使う機会の少ないスーツケースは、旅行期間のみレンタルするのも手。レンタル中に破損しても修理費などが請求されない、**保険がついているタイプのレンタル品を選ぶと安心**です。料金は1週間から10日で5000～9000円程度。

液体物、刃物類の持ち込みに注意！

日本から出発する国際線を対象に、液体物の機内持ち込みが制限されています。化粧品や飲み物などを持って行く場合は機内預け荷物に入れること。なお、はちみつ、ジャムのようなものも液体物に該当します。ただし、下記のような状態にすれば、機内にも持ち込めます。刃物類は機内持ち込みできず、預け荷物でしか運べないものもあるので注意しましょう（74 ページ参照）。

こんなモノも液体物

- チューブ入り液体調味料
- 液状の化粧品
- 水分を多く含む缶詰食品
- 水分を多く含むパック詰め食品
- 味噌
- 液状レトルト食品
- デザート類
- スプレー類
- 液状の入浴用品
- 凍った液体物
- 水分を多く含むビン詰め食品

容量1ℓ以下（縦横各20cm以下）のファスナー付きプラスチック袋に入れる

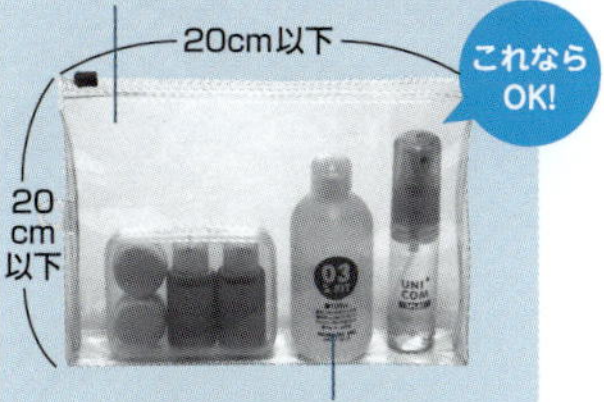

容器はそれぞれが100mℓ以下であること

余裕のある パッキングを

荷造りするときに心がけたいのは、現地で買うお土産などが入るよう、余裕をもたせたパッキング。**使うかどうかわからないくらいのものなら、思い切って省くのが正解**です。重い荷物を抱えて旅をするのは辛いもの。いざとなったら現地で購入すればよいと考え、できるだけ荷物は少なくしていきましょう。

パッキングのポイント

- こわれやすいものはタオルなどでくるむ。
- 空気を抜いてコンパクトにできる密閉袋が便利。
- 薄手のものは丸めてすき間に。

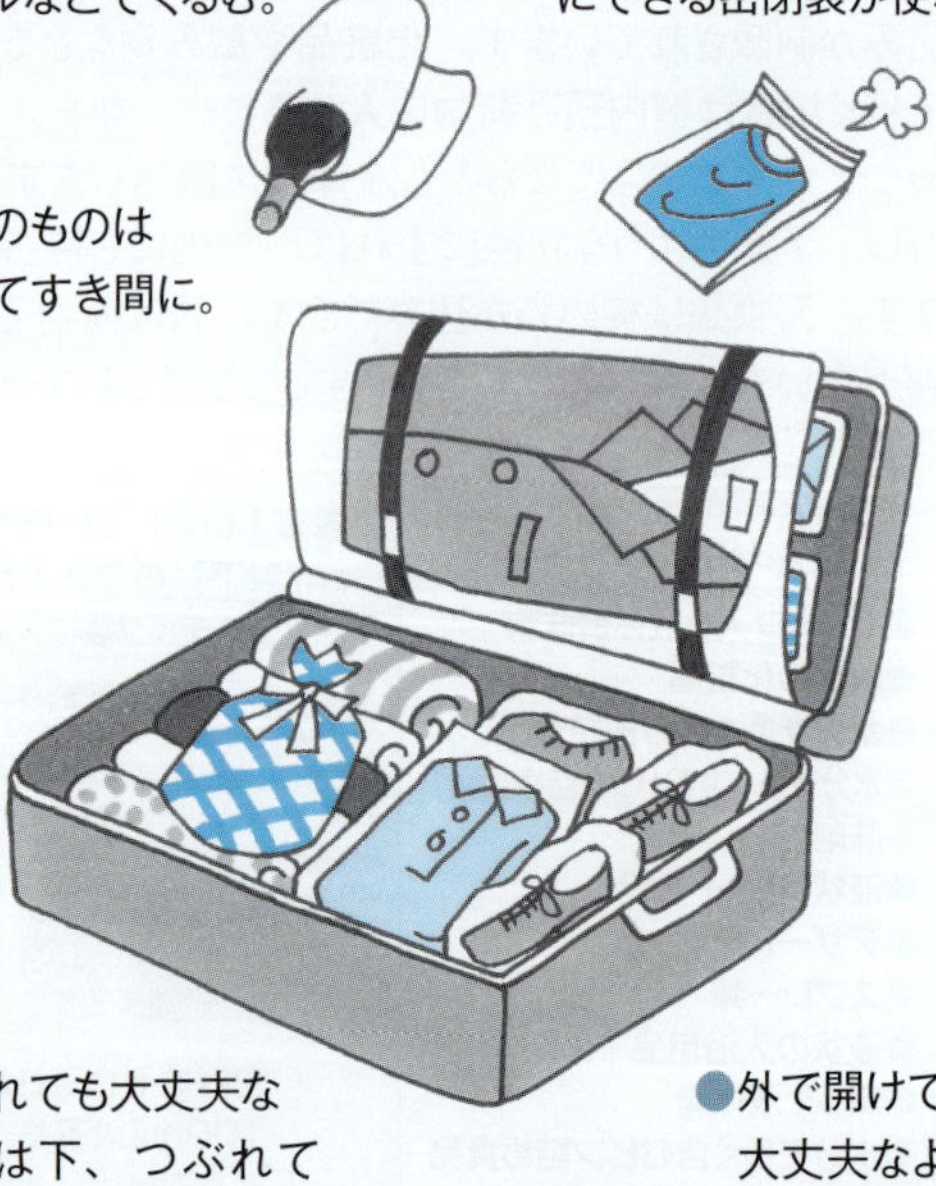

- つぶれても大丈夫なものは下、つぶれて困るものは上に。
- 外で開けても大丈夫なように、下着類は袋に。

荷物を空港まで送る方法も

出発当日に重い荷物を持って空港へ行くのは大変。そんなときは、**空港までの宅配サービスを利用すると便利**です。料金は、距離や重さによって異なりますが、スーツケースサイズ1個あたり、3000円前後が目安。往復で利用すれば割引になるところも。出発の3日前までに予約すれば自宅まで集荷に来てもらえます。

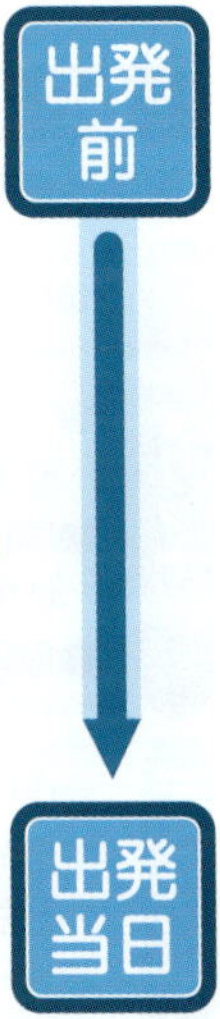

宅配業者に出発の3日前までに予約する。

自宅まで引き取りに来てくれる。

出発ロビーカウンターで荷物を受け取る。

到着ロビーカウンターで預ければ、自宅まで届けてくれる。

海外でのスマホ使用について

レンタル？ そのまま使う？

短期間の海外旅行でスマホを利用する方法は、主に2つあります。1つは、**「渡航先で使えるように回線契約したスマートフォンをレンタルする」**方法。もう1つは、**「国内で使っているスマートフォンをそのまま持って行く」**という方法です。その他に、Wi-Fiルーターをレンタルする方法もあります。

①日本の空港でスマホをレンタルする

「電話番号を伝えた相手と連絡が取れればOK」な人は

メリット

- レンタルから操作方法、返却まで日本の会社ですべて対応してもらえるので安心。
- 旅先の電話回線を使うので、電話がつながりやすく、インターネットの使用料金も安い。
- 同行者が全員レンタルすれば、現地での通話は国内通話となり、料金が安い。
- 電話番号を伝えた相手からしか連絡が来ない。

デメリット

- 借りる手間、返す手間がかかる。
- 自分のスマホと違い、使い勝手にとまどうことも。
- メールアドレスが持てない場合が多い。

注意点

- 連絡を取りたい相手に、借りた端末の電話番号を伝える必要がある。
- 日本からの電話、日本への電話は、国際電話扱いになる。
- インターネットも頻繁に使うなら、海外用のパケットし放題プランに加入を。

❷自分の携帯／スマホをそのまま持って行く

「使い慣れた端末で通話やメールやネットをしたい」人は

メリット

- 普段使っている電話番号やメールアドレスそのままで、電話やメールが受けられる。
- 操作方法に慣れ、連絡先登録などもされた、いつもの自分のスマホが使える。
- 地図情報などの機能が現地で役立つ。
- 無料 Wi-Fi で接続すれば、無料でインターネットも可能。
- SIMフリー端末なら、現地のSIMで格安で利用できる。

デメリット

- 現地の同行者とも日本の回線を経由して通話する（=国際電話）ので、料金が高い。
- 設定をしっかり行い、サービスプランをしっかり選ばないと、何万、何十万もの高額な料金がかかってしまう。

注意点

- 日本に電話した場合、自分の電話番号が登録されている相手でも登録名が表示されない（頭に国番号が付くため）。
- すべての通話が国際電話扱いになる。
- 設定を誤ると、たとえ現地でインターネットを使っていなくても、自動的に国際ローミングし、高額な料金がかかる。
- インターネットも頻繁に使うなら、海外用のパケットし放題プランに加入を。

①日本の空港でレンタルする場合

1 レンタルショップに申し込む

レンタルショップに電話やインターネットで申し込みをします。受け取りの数日前までには申し込みが必要なところが多いので注意して。

2 受け取り方法を選ぶ

ショップによっては、「空港カウンターで当日受け渡し」か「駅や商業施設での事前・当日受け取り」を選べます。「宅配」に対応しているショップもあります。

3 渡航先で使用開始

渡航先で使える設定になっているので、電源を入れるだけで使用可能です。連絡を取りたい相手とは、あらかじめ電話番号を交換しておきましょう。

4 支払いはクレジットカードが主流

支払いは、申し込み時にクレジットカード情報を記入し、後日引き落としが主流。返却時に現金精算できる場合も一部あるようです。

Wi-Fiをレンタルする方法も!

レンタルショップでは、Wi-Fiも貸し出しています。事前予約が確実ですが、当日の空港のショップでの申し込みでレンタルできるケースもあります。Wi-Fiがあれば、LINE通話などのアプリを通した無料通話が可能になります。

②自分のスマホを持って行く場合

1 渡航先で使えるかチェック

自分の端末が使えるか、スマホのキャリアショップ（ドコモならドコモショップ）へ訪問あるいは電話やホームページで確認します。訪問する際は、充電器も一緒に持参します。

2 充電器が使えるかもチェック

自分の使っている充電器が海外で使えるのか、そのほかに必要なもの（変換プラグや変圧器）がないかなども教えてもらいます。

3 海外用のパケットし放題プランに入るか検討

海外用のパケットし放題プラン（定額で1日1000円程度）に入るかどうかを検討します。スマホから加入できます。何の設定変更もせず、サービスにも加入しないと、高額な料金がかかることがあります。

4 設定の仕方、解除の仕方を聞く

海外利用するための設定の仕方、解除の仕方をキャリアショップに教えてもらいます。

5 渡航先で設定後、使用開始

現地に到着したら、キャリアショップに教えてもらった手順どおりに設定します。

6 帰国したら設定を解除

日本に到着したら、キャリアショップに教えてもらった手順どおりに解除します。

滞在先が無料Wi-Fiでインターネット接続できる環境だったり、無料Wi-Fi提供スポットがたくさんある旅先ならば、定額パケットし放題サービスに加入しなくても無料でメールやインターネット検索が可能です。Wi-Fi接続の設定方法は、出発前にキャリアショップに聞いておきましょう。

海外でのパソコン使用について

海外で使うことは可能 備品を忘れずに

日本から持参した自分のノートパソコンを、海外で使うことは可能です（※）。本体のほか、**ACアダプター**や**バッテリーパック**など、必要なものも忘れずに。

海外の場合、コンセントの形が日本と違うことがあるので、状況を調べ、必要ならば**変換アダプター**を持って行きましょう。家電量販店などで取り扱っており、行き先を告げれば、変換アダプターが必要かどうかを教えてくれます。

ノートパソコンは、預け荷物にすると故障する可能性があるので、**機内に持ち込む**ようにしましょう。出国時のセキュリティチェックで検査トレーにのせる必要があるので、バッグから出しやすいようにしておきましょう。

インターネット環境が整っているかチェック

メールやブログを書いたり、FacebookやX（旧Twitter）に投稿をアップするなど、インターネットを旅先のホテルで使いたい場合、そのホテルでインターネットが使用可能か事前に調べておきます。

※海外電圧対応のノートパソコンが主流ですが、もしも日本の電圧にしか対応していないものならば、変圧器が必要です。

接続方法は、パソコン本体にケーブルをつなぐ「**有線LAN**」、パソコン本体にケーブルをつながずに使える「**無線LAN**」の2つがありますが、**「無線LAN」対応のパソコンならどちらでも使用可能**です。Wi-Fiが無料で使えるホテルが増えていますが、国やホテルによって変わります。

ホテルにインターネット環境がない場合は…

ホテルにインターネット環境が整っていない場合、空港でレンタルできる**「Wi-Fiレンタル」**というサービスや、カフェやファストフード店での、**「無線LAN」**の無料サービスを利用する人が多いようです。

タブレット端末の使用はスマホと同じ注意が必要

iPadなどのタブレット端末は、旅先でインターネットやメールができ、地図アプリなども使え、機内で動画や音楽を見たり聴いたりもできるので、とても便利です。

ただし、**「自分のスマホをそのまま持って行く」**（47ページ参照）**のと同じ注意が必要。**高額な使用料金にならないように気をつけましょう。

TABI COLUMN 1

ESTAについて

アメリカ本土やハワイなどへの旅行者は　ＥＳＴＡの事前申請が必要

2009年1月12日以降、短期（最長90日）の観光・商用目的で、ビザなしで米国に旅行する場合、「ESTA電子渡航認証システム」への申請が必要となりました（※ただし、グアム、サイパンのみの45日以下の入国に限り、ESTA申請は不要）。

テロ防止などの観点から、各渡航者の情報を出発前にインターネットで収集し、「ビザなしで訪米する条件を満たしているか、保安上のリスクをもたらさないか」などをチェックするのが目的です。

●**有効期限は２年**（更新可能）

●**21ドルの処理手数料がかかる**
（決済時のレートで円換算される）

●**支払いにはクレジットカードが必要**
（自分名義のものでなくてもOK）

承認されないと、飛行機に乗ることができません。ESTAを申請したことのない人は、遅くとも渡航の72時間前までに申請を。ESTAをお持ちの方も、有効期限内かどうかをチェック。

申請の仕方

1. **パスポートとクレジットカードを用意し、パソコン操作を開始**
   申請事項を記入する際に、これらの情報が必要です。
2. **アメリカ大使館が作成した「電子渡航認証システムへようこそ」というページへアクセス**
   サイトは
   https://esta.cbp.dhs.gov/esta/application.html?execution=e1s1
3. **「（申請）」のボタンをクリックし、申請事項を記入する**
4. **申請完了後、申請番号や有効期限が表示された画面を印刷しておく**

※パックツアーでは旅行会社が代行申請してくれることが多いので、確認してみましょう。
※インターネットが使えない方は、まずは旅行会社へ相談してみましょう。
※ESTAの申請代行会社も存在していますが、6000円程度の料金がかかります。

Chapter
2

出発当日

飛行機

成田空港と空路で結ばれている下記の空港からのアクセスが可能。

成田空港への便が出ている国内空港

●旭川空港　●新千歳空港　●中部国際空港
●伊丹空港　●関西国際空港　●広島空港
●高知龍馬空港　●松山空港　●高松空港
●福岡空港　●北九州空港　●大分空港
●長崎空港　●宮崎ブーゲンビリア空港
●阿蘇くまもと空港　●鹿児島空港　●奄美空港
●南ぬ島石垣空港　●那覇空港

車

第 1、第 2 ターミナルの前に駐車場があり、帰国までマイカーを預けられます。タクシー利用の場合はターミナル名（第 1 か第 2 か第 3）をはっきり告げること。成田空港までのルートは次の 3 つ。

●東関東自動車道から新空港自動車道を経由して、成田インターチェンジより第 1 ゲートまたは第 2 ゲートへ
●国道 295 号線から第 2 ゲートへ
●国道 296 号線から八日市場佐倉線または成田松尾線を経由して、第 6（南）ゲートへ

電車

JR または京成電鉄の利用。渋滞がなく、所要時間が読めますが、事故などで遅れることもあるので時間に余裕をもって。

JR	成田エクスプレス（全席指定）	東京駅から約 1 時間、新宿駅から約 1 時間 20 分、横浜駅から約 1 時間 40 分
JR	快　速	東京駅から約 1 時間 30 分
京成電鉄	スカイライナー（全席指定）	京成上野駅から約 45 分
京成電鉄	特　急	京成上野駅から約 1 時間 20 分
京成電鉄	エアポート快特	羽田空港から約 1 時間 50 分（京成線、都営線、京浜急行線の相互直通運転）

バス

リムジンバスなど、ホテルやターミナル駅からの路線が充実。

東京空港交通（リムジンバス）	新宿、池袋、赤坂各方面のホテル、臨海副都心地区のホテル、九段地区のホテルから約 1 時間 30 分～ 2 時間
東京空港交通（リムジンバス）	羽田空港から約 1 時間 15 分
東京空港交通（リムジンバス）	東京シティエアターミナルから約 1 時間
東京空港交通（リムジンバス）	八王子高速バスターミナルから約 2 時間 40 分
東京空港交通（リムジンバス）	横浜シティエアターミナルから約 1 時間 30 分
東京空港交通（リムジンバス）	芝、品川、恵比寿各方面のホテルから約 1 時間 20 分～ 1 時間 50 分
京成電鉄	東京駅から約 1 時間 10 分

ターミナルは3つ

日本の空の玄関口である成田空港は、３つのターミナルからなり、利用航空会社によって分かれています。電車利用の場合、**第1ターミナルは「成田空港駅」、第2・3ターミナルは「空港第2ビル駅」下車となるので注意。**第1から第2ターミナルへは、無料連絡バス（10分）で移動可。第3ターミナルへは、第2ターミナルから無料連絡バス（3〜6分）で移動できます。

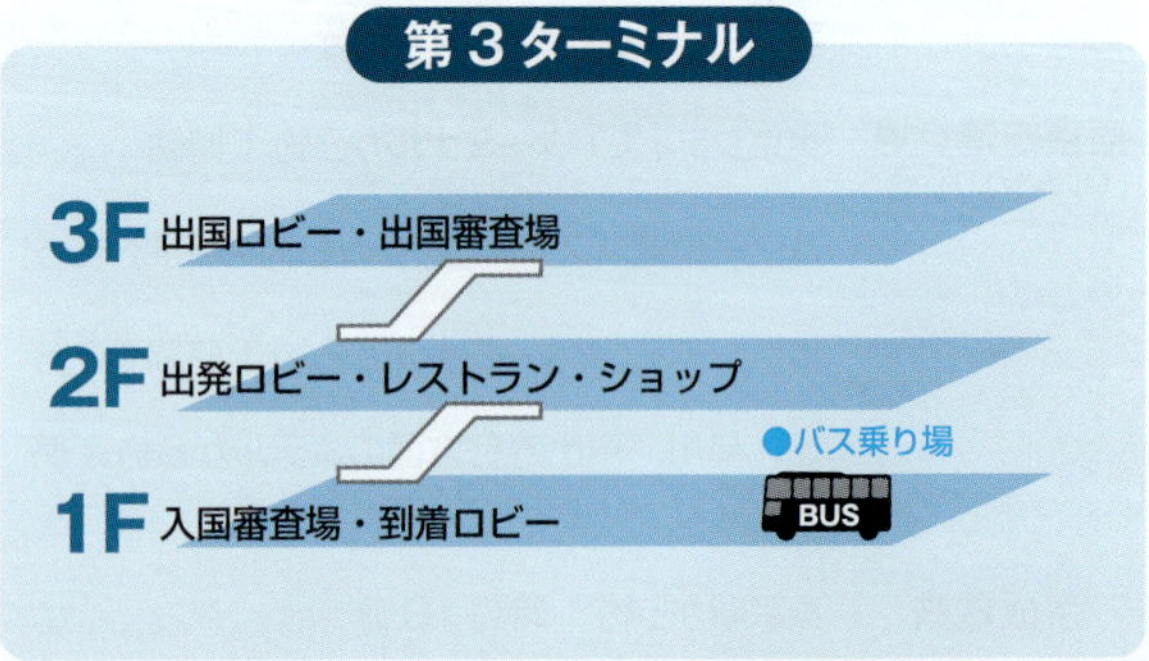

空港についたら出発ロビーへ！

第１ターミナル

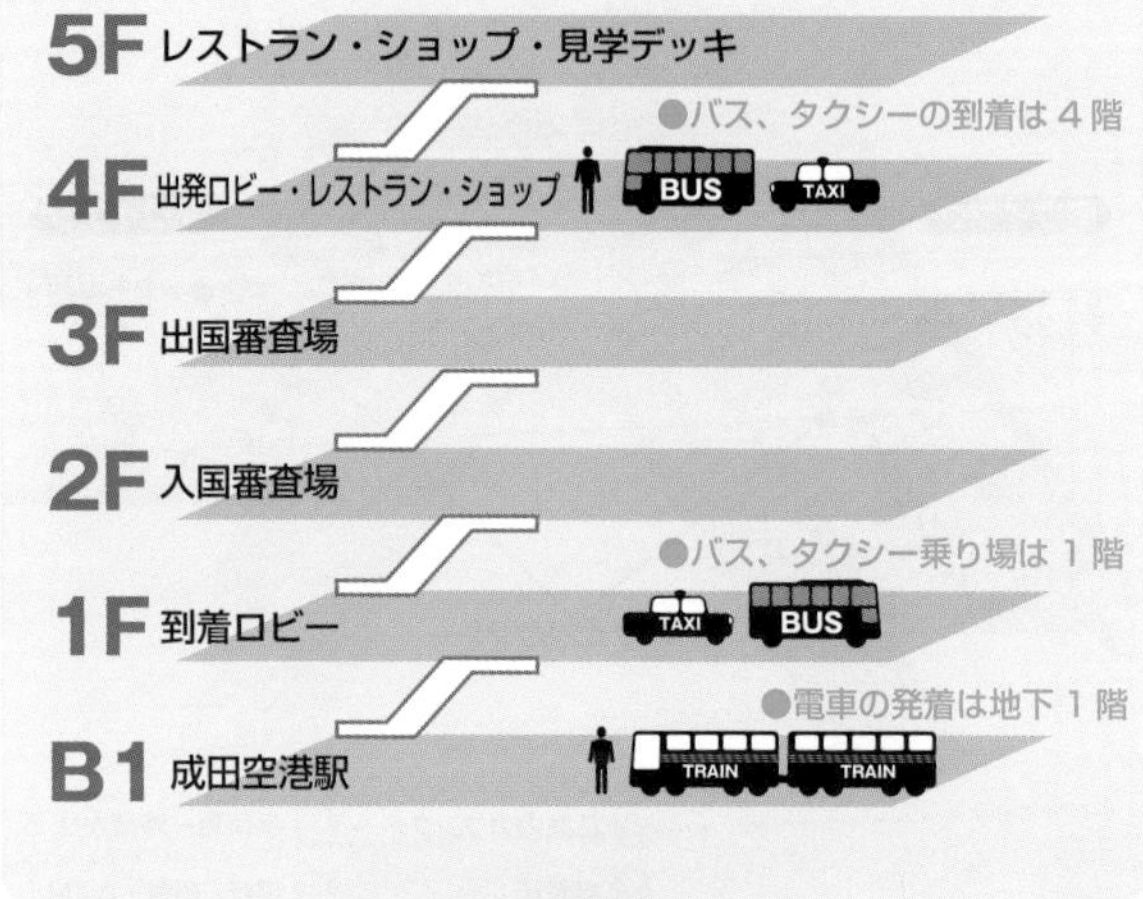

第２ターミナル

（本館）

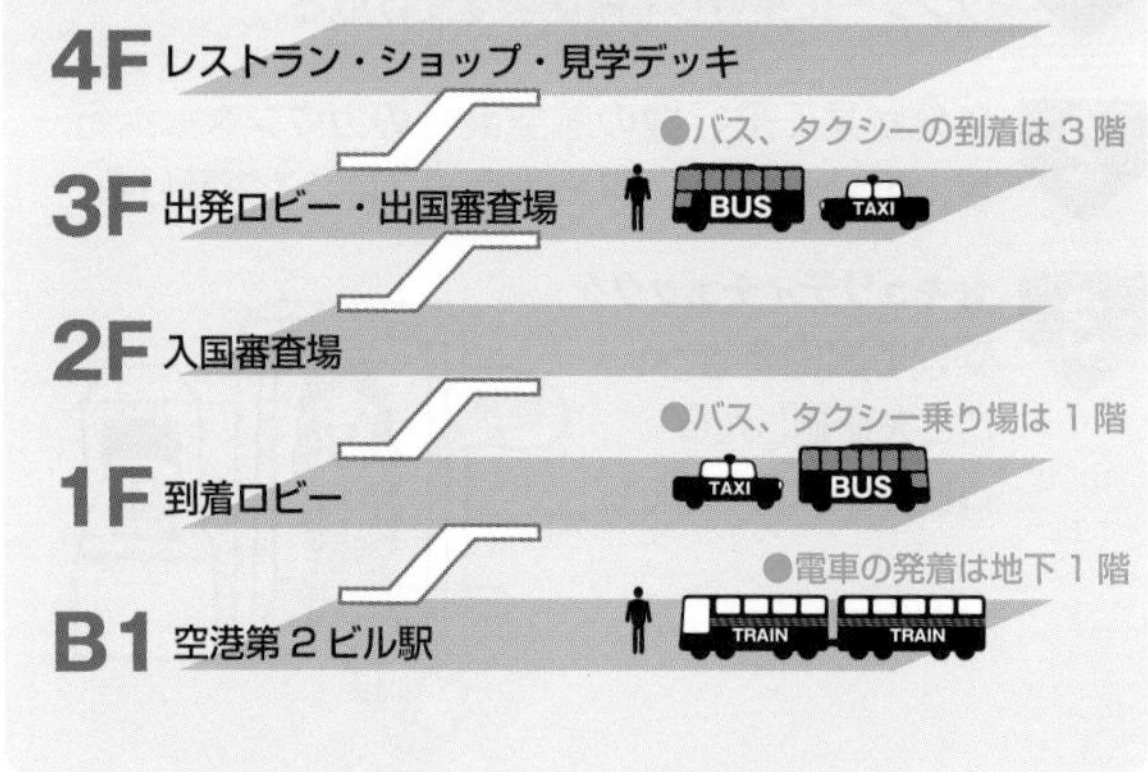

成田空港第１ターミナル４階

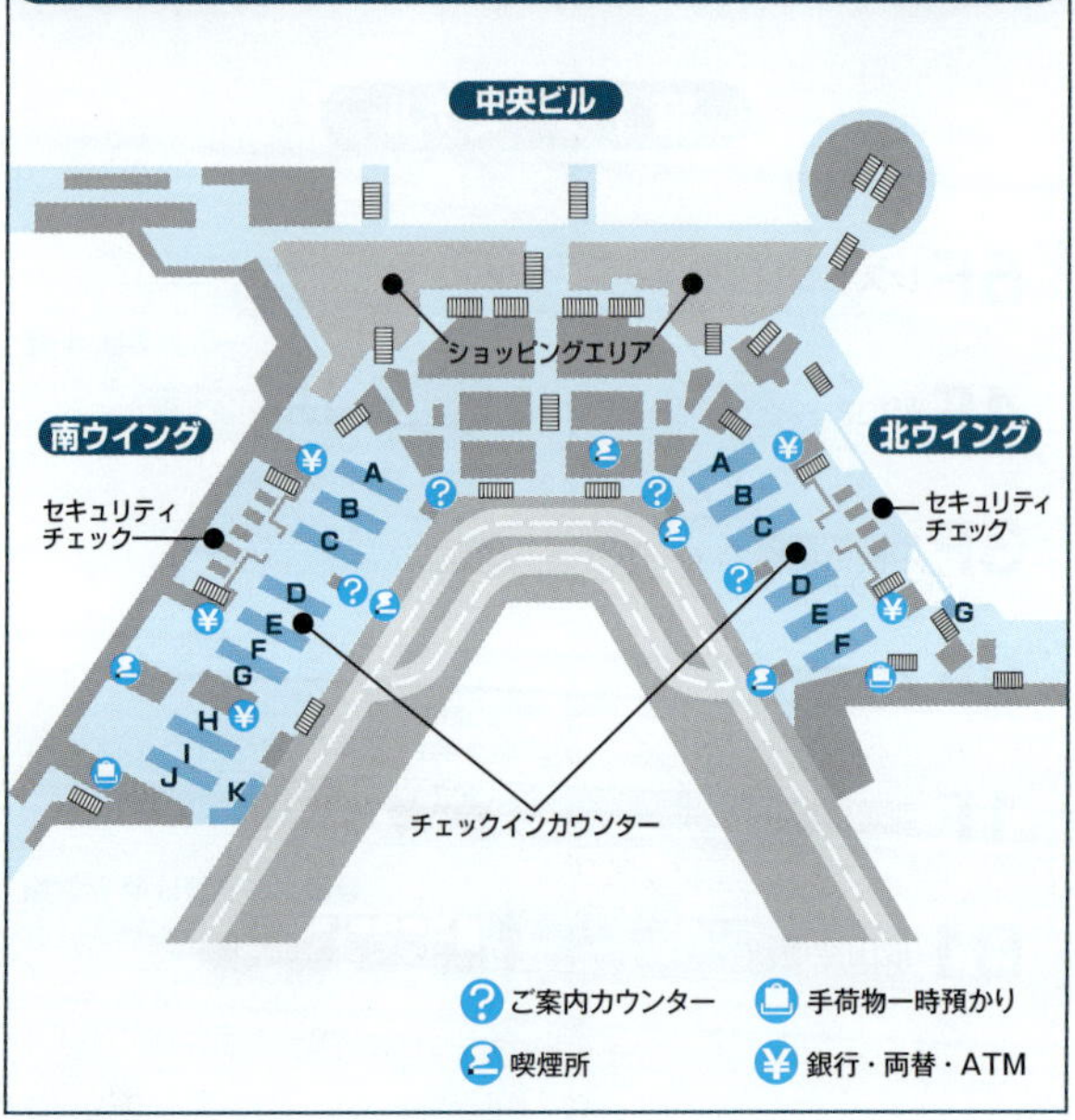

1 航空券当日受け取りのツアー参加者は、団体カウンターに集合して航空券を受け取る。

2 自分が乗る飛行機の航空会社のカウンターへ行き、**チェックイン**。スーツケースはここで預ける。

3 **セキュリティチェック**を受けて出国審査へ。ここを通過したらロビーには戻れない。

第１ターミナル利用航空会社

北ウイング

アエロメヒコ、アエロモンゴリア航空、厦門航空、ウエストジェット、エールフランス、エルアル イスラエル航空、ガルーダ・インドネシア、KLM オランダ空港、サウディア、四川航空、ZIPAIR Tokyo、ジンエアー、スカンジナビア航空、大韓航空、タイ ライオンエアー、中国南方航空、デルタ航空、ビーマン・バングラデシュ航空、ベトナム航空、香港航空、ロイヤルブルネイ航空

南ウイング

アシアナ航空、ヴァージン・オーストラリア、ヴィスタラ、ウズベキスタン航空、エア・カナダ、エアージャパン、エアソウル、エアプサン、EGYPTAIR、エチオピア航空、エティハド航空、エバー航空、オーストリア航空、山東航空、シンガポール航空、深セン航空、スイス、スクート、ANA（全日空）、ターキッシュ エアラインズ、タイ国際航空、中国国際航空、ニュージーランド航空、Peach、ユナイテッド航空、ルフトハンザドイツ航空、LOT ポーランド航空

※2025年3月現在

ターミナルを間違えたら

ターミナルを間違えた場合は、**無料のターミナル連絡バスに乗れば、別のターミナルに行けます。**運行時間は朝5時台から夜10～11時台まで。頻繁に出ています。

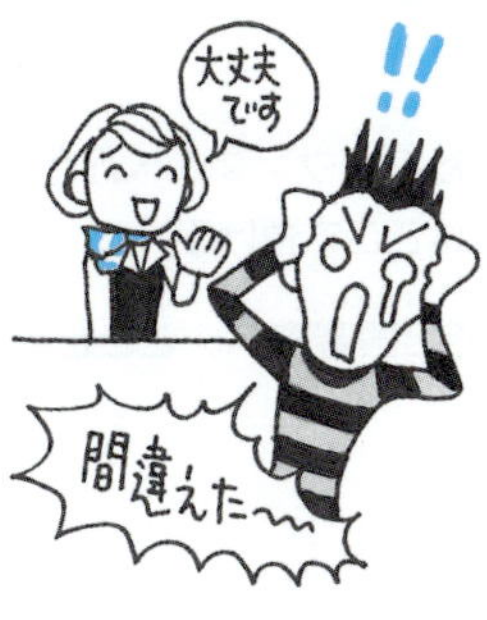

成田空港第２ターミナル３階

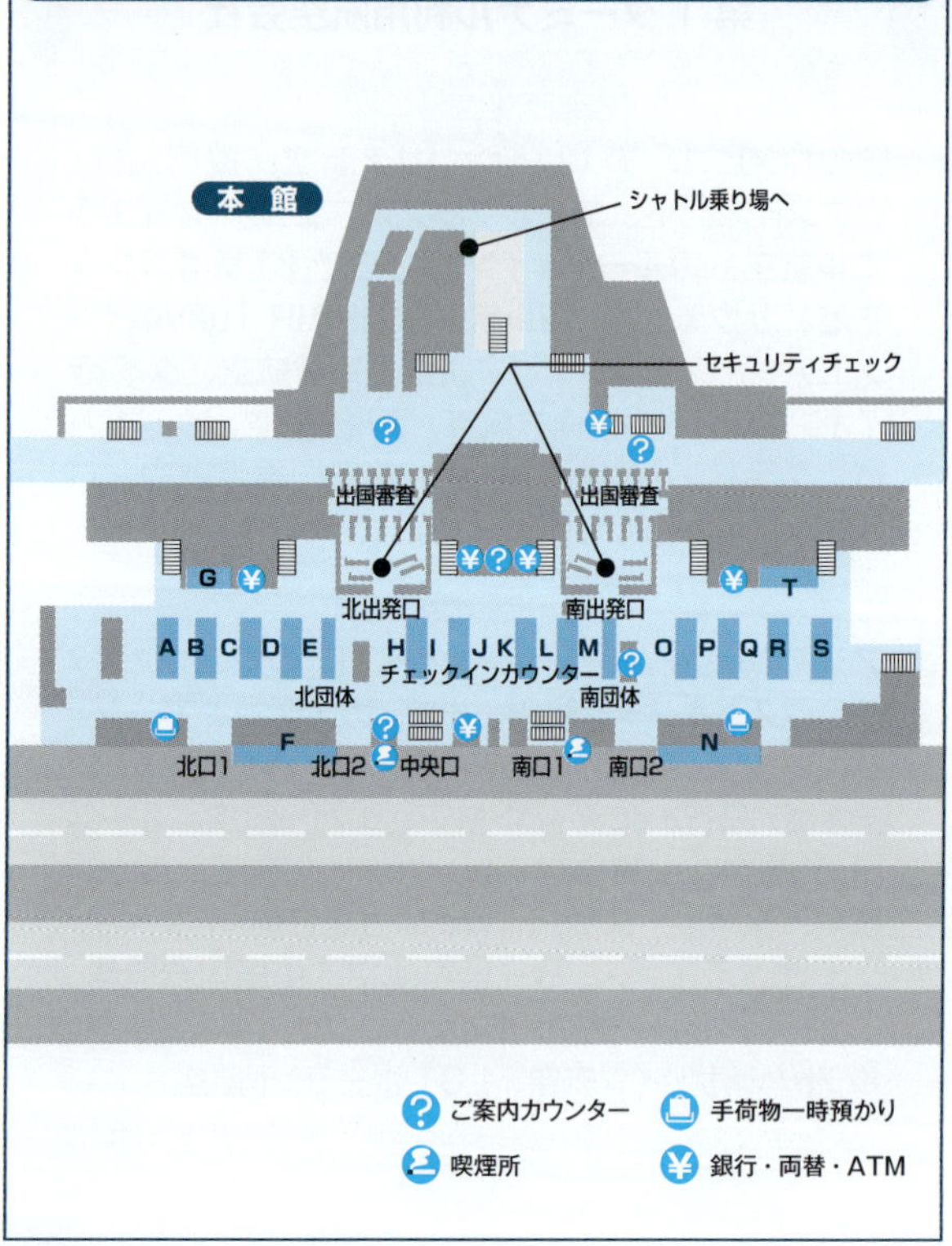

1 航空券当日受取りのツアー参加者は団体カウンターに集合して**航空券**を受け取る。

2 自分が乗る飛行機の航空会社のカウンターへ行き、**チェックイン**。スーツケースはここで預ける。

3 **セキュリティチェック**を受けて出国審査へ。ここを通過したらロビーには戻れない。

第 2 ターミナル利用航空会社

アメリカン航空、アラスカ航空、イースター航空、イベリア航空、エア・インディア、エア タヒチ ヌイ、エアプレミア、エミレーツ航空、海南航空、カタール航空、カンタス航空、吉祥航空、キャセイ パシフィック、グレーターベイエアラインズ、上海航空、SCAT 航空、スターラックス航空、スリランカ航空、セブパシフィック航空、タイガーエア台湾、タイエアアジア、タイ・エアアジア X、チャイナエアライン、中国東方航空、ティーウェイ航空、天津航空、JAL（日本航空）、ネパール航空、バティックエアー マレーシア、ハワイアン航空、バンコクエアウェイズ、バンブーエアウェイズ、ファイアーフライ、フィジーエアウェイズ、フィリピン航空、フィンランド航空、ブリティッシュエアウェイズ、ベトジェットエア、香港エクスプレス、マカオ航空、マレーシア航空、MIAT モンゴル航空、ラタム航空（LAN）

※ 2025 年 3 月現在

第 3 ターミナル利用航空会社

エアロ K 航空、ジェットスター航空、ジェットスター・ジャパン、春秋航空、SPRING JAPAN、チェジュ航空、ハーンエアー、フィリピンエアアジア

※ 2025 年3月現在。ターミナルが変わることもあるので、
利用前に航空会社に確認をしてください。

●ターミナルを間違えた場合の対処は
59 ページを参照

空港までのおもなアクセス

電車／モノレール

京急線（または京急線直通の都営浅草線）あるいは東京モノレールを利用。京急線（都営浅草線）は「羽田空港国際線ターミナル」駅で下車、東京モノレールは「羽田空港国際線ビル」駅で下車。事故で遅れたり、乗り継ぎで時間がかかることもあるので、時間には余裕をもって。

都営浅草線	エアポート快特	新橋駅から約 23 分
京急線	エアポート快特	品川駅から約 13 分
	エアポート快特	横浜駅から約 18 分
東京モノレール	空港快速	浜松町駅から約 13 分

バ　ス

首都圏の主要ターミナル駅や周辺ホテルから、高速乗合バスが運行している。

東京空港交通、京浜急行バス ほか	日本橋箱崎（東京シティエアターミナル）から約 35 分
	東京駅から約 50 分
	銀座駅周辺ホテルから約 1 時間 20 分
	品川駅東口から約 35 分
	渋谷駅西口から約 1 時間 15 分
	新宿駅周辺ホテルから約 1 時間 15 分
	吉祥寺駅から約 1 時間 30 分
	立川駅から約 2 時間
	八王子駅から約 2 時間 15 分
	新横浜駅から約 50 分
	横浜駅付近（横浜シティエアターミナル）から約 40 分
	千葉駅から約 1 時間 40 分
	大宮駅西口から約 1 時間 40 分
	甲府駅から約 3 時間 10 分
	水戸駅南口から約 2 時間 15 分

車

国際線ターミナル近くに、国際線駐車場があります。シーズン時は満車の場合があるので、出発前に空車状況を調べ、インターネットなどで駐車予約をしておきましょう。羽田空港を目的地として走り、最後は環八通りを曲がって駐車場を目指します。

タクシー利用の場合は、「国際線ターミナル（第3ターミナル）に行きたい」とはっきり告げましょう。ただし、第1ターミナル、第2ターミナルから国際線を運航することもあるので、しっかり確認しましょう。

空港についたら出発ロビーへ!

国際線旅客ターミナル

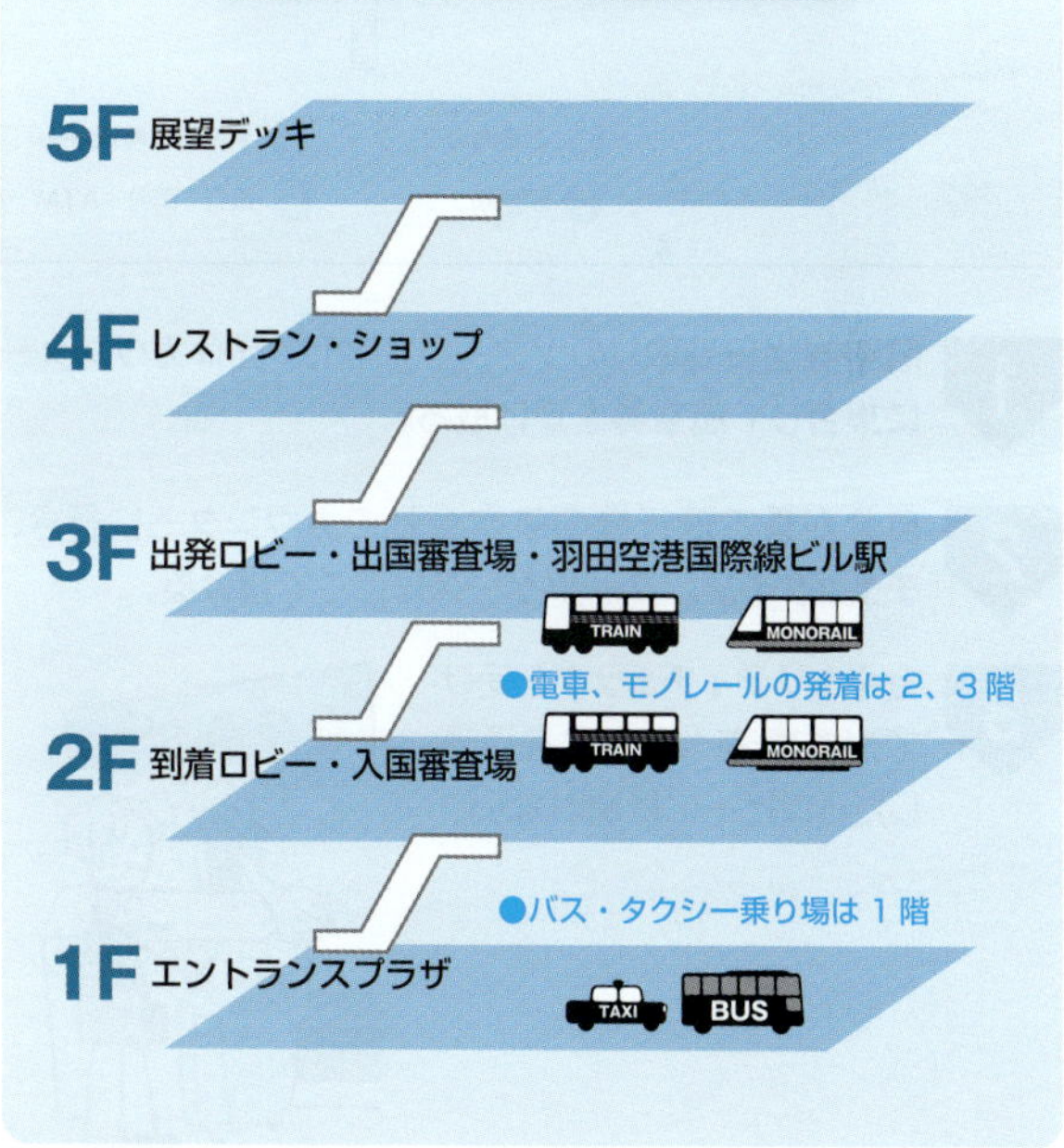

羽田空港国際線旅客ターミナル3階

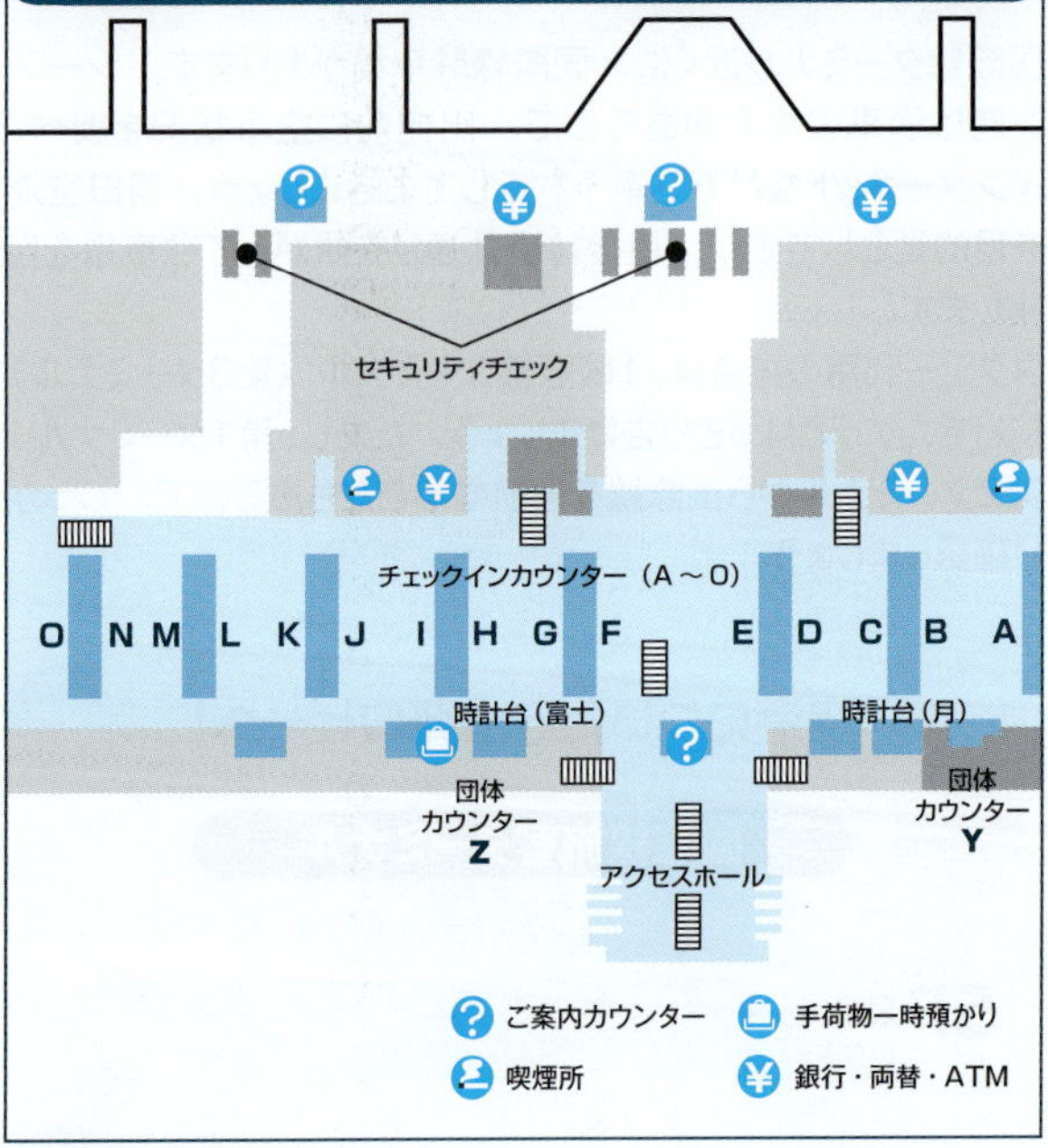

1. 航空券当日受取りのツアー参加者は、団体カウンターに集合して**航空券**を受け取る。

2. 自分が乗る飛行機の航空会社のカウンターに行き、**チェックイン**。スーツケースはここで預ける。

3. **セキュリティチェック**を受けて出国審査へ。ここを通過したらロビーには戻れない。

国際線旅客ターミナル利用航空会社

ANA（全日空）、JAL（日本航空）、Peach（ピーチ・アビエーション）、アエロフロート・ロシア航空、アシアナ航空、アメリカン航空、ITA エアウェイズ、ヴァージンオーストラリア航空、エアアジア X、エア・カナダ、S7 航空、エールフランス、エバー航空、エミレーツ航空、奥凱航空、カタール航空、ガルーダ・インドネシア航空、カンタス航空、吉祥航空、キャセイパシフィック、上海航空（中国東方航空）、春秋航空、シンガポール航空、スカンジナビア航空、ターキッシュ エアラインズ、タイガーエア台湾、大韓航空、タイ国際航空、チャイナ エアライン、中国国際航空、中国東方航空、中国南方航空、デルタ航空、天津航空、海南航空、ハワイアン航空、フィリピン航空、フィンエアー、ブリティッシュエアウェイズ、ベトジェットエア、ベトナム航空、香港エクスプレス航空、マレーシア航空、ユナイテッド航空、ルフトハンザドイツ航空

※2025年3月現在

時間に余裕をもって到着を

羽田空港の国際線出発ロビーでは、チェックイン、セキュリティチェック、出国審査といったすべての出発手続きを3階で行います。搭乗ゲートも同じ3階にあり、さまざまな手続きがスムーズに行えると好評です。ただし、セキュリティチェックに時間がかかることもあるので、時間の余裕をもって到着しておくようにしましょう。

チェックイン時間は事前に確認！

成田空港だと原則 2 時間前のチェックインをすすめることが多いようですが、羽田空港だと「1時間前チェックイン」の場合が多いようです。張り切りすぎて2時間半前などに着いてしまうと、やや時間を持て余してしまうかもしれません。ただし、チェックイン時間は、渡航先や航空会社によって異なるので、事前に必ず確認を！

関西国際空港に行く

空港までのおもなアクセス

電車

JR

特急はるか	新大阪駅から約50分、京都駅から約1時間15分

南海電鉄

特急ラピート α、β	なんば駅から約34～39分、堺駅から約27分

バス

関西空港交通（リムジンバス）	大阪駅から約1時間、京都駅から約1時間40分、奈良駅から約1時間43分、和歌山駅から約40分

高速船

海上アクセス	神戸空港から約30分で関西空港ポートターミナル着。専用シャトルバスで約10分

搭乗口へはモノレールで

関西国際空港では、4階でセキュリティチェックを受けたあと、3階に下りて出国審査を受けます。その後、無人運転モノレール「ウィングシャトル」あるいは徒歩で2階の搭乗ゲートまで移動しますが、**北ウイングと南ウイングに分かれています。**

空港についたら出発ロビーへ!

第1ターミナル全体図

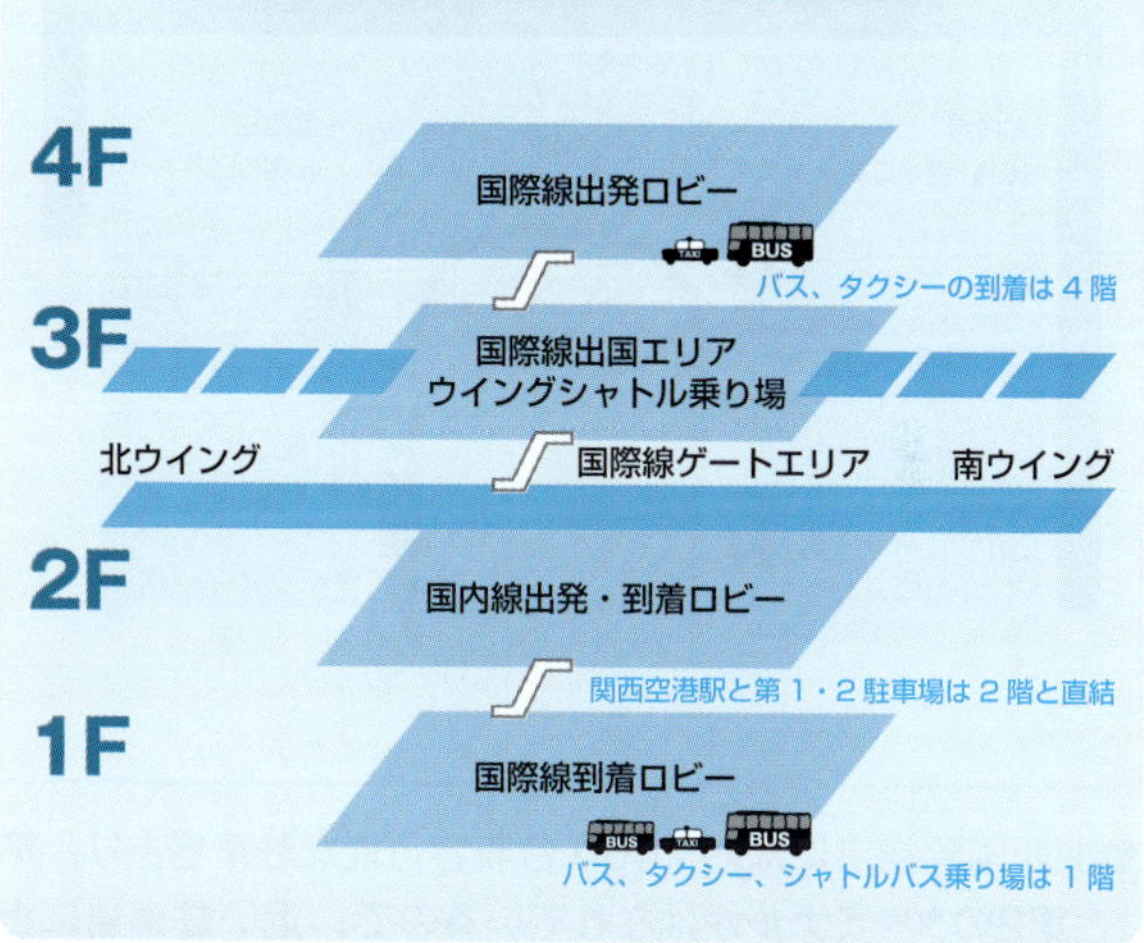

関西国際空港４階

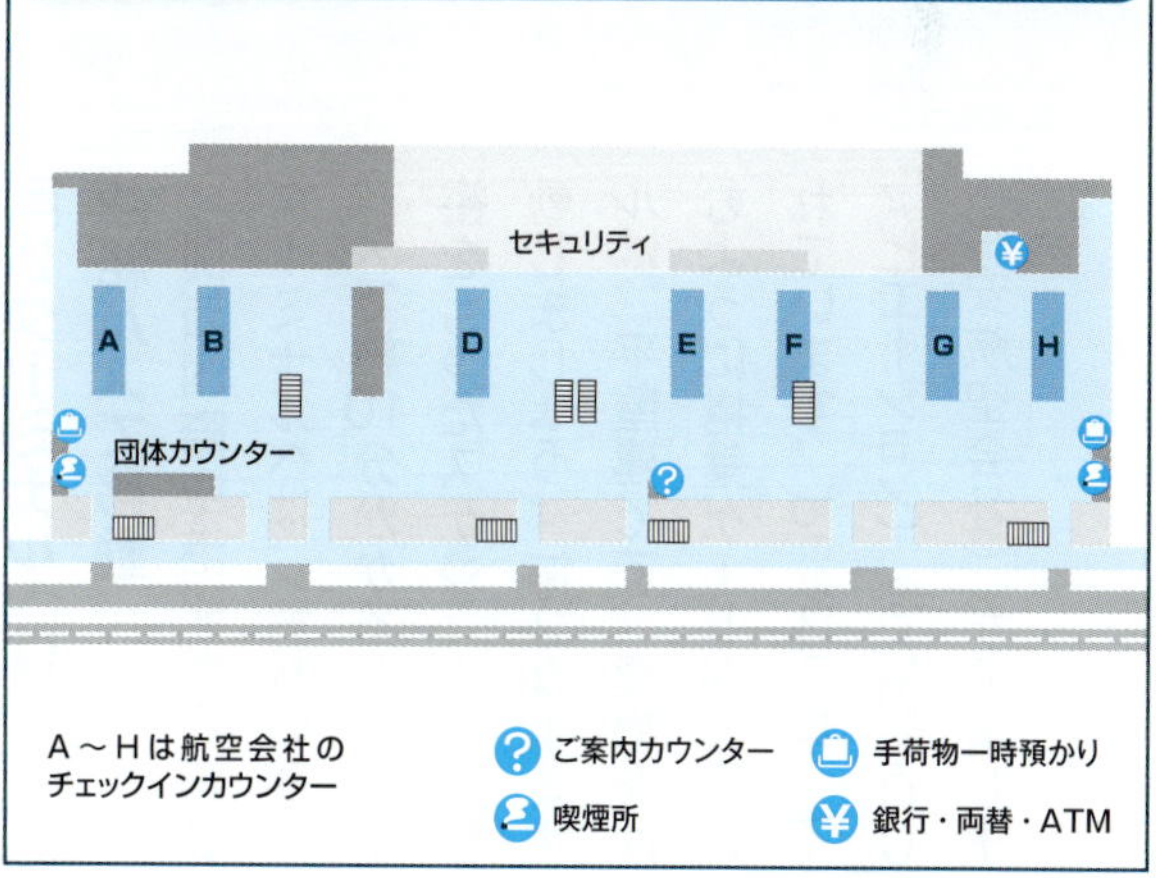

第2ターミナル全体図

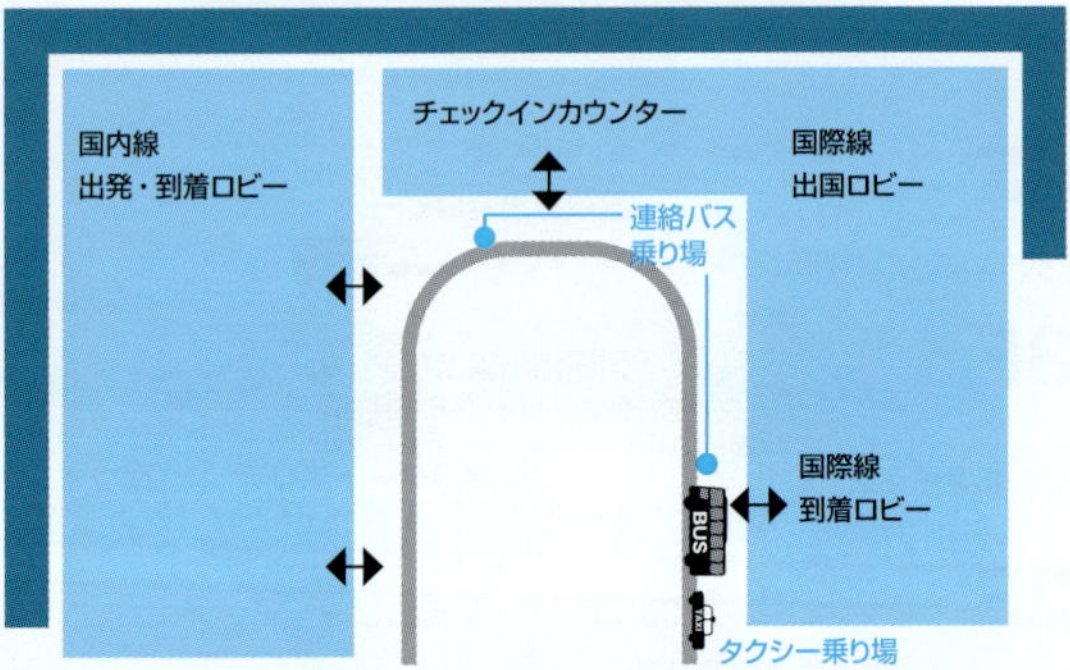

●関西国際空港には約 7000 台収容可能な駐車場あり。第1と第2のターミナルがはなれているので、近い駐車場に止めよう。タクシーは、最大9人乗りの空港送迎専門の乗り合いタクシーも運行していて、1人でも予約可能。

第2ターミナルへは連絡バスで移動

関西国際空港駅から第2ターミナルへは、無料の連絡バスで約10分かかるため、余裕をもったスケジュールで行動しましょう。第2ターミナルは、平屋建てで、建物を囲むように搭乗ゲートが設置されています。Peach（ピーチ・アビエーション）などのLCC（格安航空会社）が発着します。

ほかに国際便が出ている全国の空港

空港名	電話番号
旭川空港	0166-83-3939
新千歳空港	0123-23-0111
函館空港	0138-57-8881
青森空港	017-739-2000
秋田空港	018-886-3366
花巻空港	0198-26-5011
福島空港	0247-57-1511
茨城空港	0299-37-2800
新潟空港	025-275-2633
富山空港	076-495-3100
小松空港	0761-21-9803
富士山静岡空港	0548-29-2000
中部国際空港	0569-38-1195
岡山桃太郎空港	0570-011-577
広島空港	0848-86-8151
米子空港	0859-45-6121
高松空港	087-814-3355
松山空港	089-972-5600
徳島空港	088-699-2831
九州佐賀国際空港	0952-46-0100
北九州空港	093-475-4195
福岡空港	092-621-0303
長崎空港	0957-52-5555
阿蘇くまもと空港	096-232-2311
大分空港	0978-67-1174
宮崎ブーゲンビリア空港	0985-51-5111
鹿児島空港	0995-73-3638
那覇空港	098-840-1151
南ぬ島石垣空港	0980-87-0468
下地島空港	0980-78-6606

搭乗までの流れ

〈ツアー旅行の場合〉
集合場所へ向かう（P.71）

〈ツアー旅行の場合〉
航空券をもらう（P.71）

航空会社のカウンターへ向かう（P.72）

チェックインする（P.72）

荷物を預けて搭乗券を受け取る（P.72）

出発口でセキュリティチェックを受ける（P.74）

外国製品を持っている人は税関申告を（P.76）

出国審査カウンターへ向かう（P.78）

顔認証ゲート審査を受ける（P.78）

搭乗ゲートを確認する（P.79）

搭乗する（P.80）

不測の事態に備え余裕をもって到着

初めての旅行であれば、余裕をもって2時間以上前に、空港に到着できるように家を出発しましょう。電車の遅延や、出国手続きの混雑、ターミナルを間違えるなど、たとえ不測の事態があったとしても、飛行機に乗り遅れることを回避できます。

国際線出発ロビーの集合場所へ

空港についたら国際線出発ロビーへ行き、パックツアーの人は、旅行会社から指示された集合場所へ。「団体カウンター」と表示されたところに設置されていることが多い。

▼

航空券をもらう

看板で参加するツアー名を確認し、スタッフに予約表を渡して航空券をもらう。すでに航空券を持っている人は、航空会社のカウンターへ行く。

▼

チェックインへ（72ページ）

チェックイン（搭乗手続き）をする

チェックインの流れ

1 チェックインカウンターを確認する

案内板を見て自分の搭乗する航空会社のカウンターを確認し、向かう。

2 カウンターに並ぶ

エコノミーやビジネスなどにより、中で窓口が分かれているので、確認のうえ並ぶ。

3 チェックインする

航空券（またはeチケット）とパスポートを渡し、チェックインする。

eチケット

パスポート

4 荷物を預けて搭乗券をもらう

航空券とパスポートを渡し、荷物を預ける。搭乗券と荷物の預かり証をもらい、搭乗時刻と搭乗口を確認する。

搭乗券

荷物預かり証

出国手続きへ（74ページ）

自動チェックインについて

パックツアーの場合は、当日旅行会社から航空券を受け取り、航空会社のカウンターでチェックインするケースが多いのですが、**個人旅行などで前もって航空券を持っている人や、eチケット（電子航空券）で飛行機を予約した人は、航空会社によって自動チェックイン機を利用できます。**カウンターに並ぶことなく、スムーズに短時間でチェックインできるので便利です。

チェックイン後にできること

チェックインをすませたら、次は出国審査。出発ゲートへすぐに向かってもいいのですが、時間に余裕があったら、合間を利用してできることがあります。**外貨の両替や、ATMでの現金引き出し、海外旅行保険の加入、買いそびれた旅行グッズの購入などです。**レストランやカフェもあるので、見送りの人と過ごしてもいいでしょう。ただし、出国審査が混雑して時間がかかる場合もあるので、余裕をもって出国審査へ向かうようにしましょう。

出国①セキュリティチェック

手荷物検査&身体検査

出国ゲートでは、セキュリティチェックが行われます。機内持ち込み用の手荷物は検査台のベルトコンベヤーにのせ、X線検査を実施。**刃物類や、100mℓを超える液体物は持ち込み禁止**で、もし持っているとその場で没収されてしまいます。旅行者は金属探知ゲートをくぐって進みます。

持ち込めないもの

- 刃物類
- ハサミ（小型は可）
- カミソリ（T字型は可）
- トレッキングポール
- 小さな生き物（ペットも不可）
- 1個につき100mℓを超える液体物

ハイジャックやテロ防止のため、機内持ち込み品には制限があります。上の図にあるものは、持ち込み禁止。液体物に関しては、条件を満たせば持ち込める場合もあります（くわしくは43ページ参照）。

〈ライターと小型マッチ箱は?〉

参考までにJALアメリカ線の場合、「1個まで機内持ち込みOK」「機内預けはNG」。規定外の物は没収され、返却されない。航空会社や渡航先によっては機内持ち込みもNG（インド便など）な場合があるので、喫煙者は事前にチェックを。

セキュリティチェックの流れ

1 荷物をトレーにのせてX線検査へ

- カギ、時計、バックル付きベルトなどの金属類
- スマホ、ノートパソコン、タブレット端末、デジカメなどの電子機器
- ファスナー付きプラスチック袋に入れた液体物

これらをバッグから取り出してトレーにのせる。ジャケット・コート類などの上着やブーツを脱ぐように指示されたら、それもトレーへ。バッグもトレーにのせ、すべてをX線検査のベルトコンベヤへ。

2 金属探知ゲートをくぐる

ゲートをくぐってブザーが鳴らなければOK。荷物を受け取り、税関へ。

3 ブザーが鳴ったら再チェック

ブザーが鳴ったら係員からのボディチェックを受ける。ベルトの金具などが反応することもある。

出国審査へ（78ページ。税関申告がある人は76ページへ）

出国②税関申告

高価な外国製品は申告

時計や貴金属、バッグなど**高価な外国製品を持って海外へ行く場合は、必ず税関で「外国製品の持出し届」を提出**します。ここで申告しておかないと、帰国したときに海外で購入したものとみなされ、課税される場合もあります。高価な外国製品を持っていない人は、通過して構いません。

申告が必要な外国製品の例

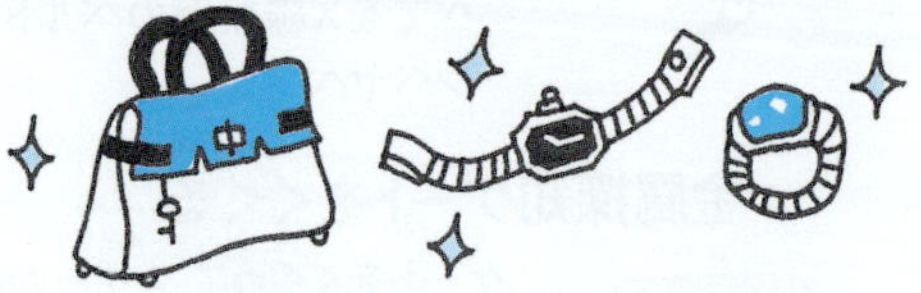

- ブランド製のバッグ
- 高級時計
- 貴金属や宝石
- 新品のパソコン

ない人

そのまま出国審査へ
（78ページ）

ある人

左ページの手順で
申告する

税関申告の流れ

①「外国製品の持出し届」に記入する

税関にある「外国製品の持出し届」に品名、数量、ブランド名等を記入して、現品と一緒に税関カウンターに提出する。

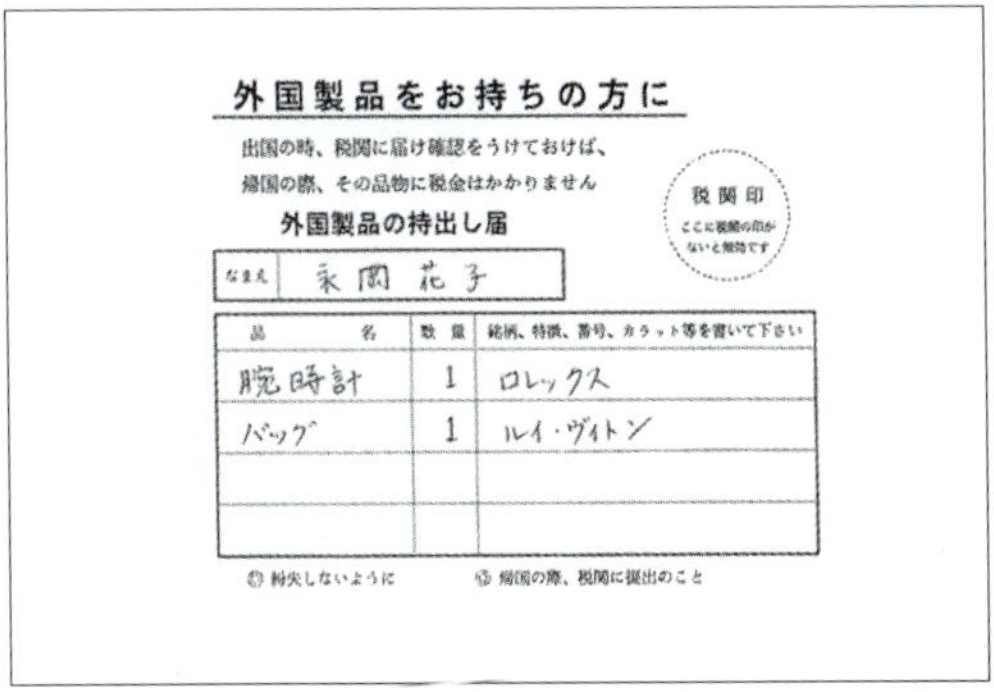

外国製品をお持ちの方に

出国の時、税関に届け確認をうけておけば、
帰国の際、その品物に税金はかかりません

外国製品の持出し届

税関印
ここに税関の印がないと無効です

なまえ　永岡花子

品名	数量	銘柄、特徴、番号、カラット等を書いて下さい
腕時計	1	ロレックス
バッグ	1	ルイ・ヴィトン

㊟ 紛失しないように　　㊟ 帰国の際、税関に提出のこと

② 税関でスタンプを押してもらう

提出した用紙にスタンプを押してもらえば完了。帰国時までなくさないように保管しておくこと。

出国審査へ（78ページ）

出国審査→搭乗の流れ

1 日本人用審査カウンターに並ぶ

出国審査は１人ずつ。順番がくるまで、床にあるラインの手前に並んで待つ。

2 パスポートと搭乗券を用意する

必要なのはパスポートと搭乗券。パスポートにカバーをかけている人ははずしておくこと。

3 顔認証ゲートで審査

顔認証ゲートで出国手続きを行います。まず、旅券リーダで、パスポートの顔写真のページを読み取ります。その後、顔認証ゲートのカメラで顔写真を撮影。顔の照合で本人確認が完了すれば、ゲートを通過できます。これで出国審査完了。

スタンプがほしい人は

現在スタンプは押さなくなりました。記念にスタンプをパスポートに押してほしい人は、職員へ声をかけましょう。スタンプを押して返してくれます。

このようなスタンプを押される。

4 搭乗ゲートを確認する

A51-56→
←B61-66
←C71-75
←D81-88
←E90

案内表示を見て、搭乗券に印字されている搭乗ゲートに向かう。搭乗間近になって、搭乗ゲートや出発時刻が変更されることもあるので、フライトインフォメーションボードもチェック。

現在の手続き状況変更なども表示される

定刻 TIME	経由地 VIA	行先 TO	航空会社 AIRLINE	便名 FLIGHT NO.	ゲート GATE	備考 REMARKS	変更 VILL DEP.
18:10		GUAM	ANA	AA714	U32	ゲート変更	18:30

ゲート番号

時間変更の表示

5 搭乗ゲートそばのロビーで待つ

時間に余裕があれば、免税店で買い物を楽しんでは。搭乗時間が近くなったら、ゲート近くのロビーでアナウンスがあるまで待つ。遅くとも出発時間の10分前までには必ず搭乗ゲートへ行くようにしよう。

6 搭乗する

搭乗が開始されたら、ゲート入口にいる係員に搭乗券を見せ、機械に通して半券を受け取り、機内へ。

機内設備の活用法

十分に活用して快適に

座席がわからなかったら、客室入口にいる乗務員に搭乗券を見せて教えてもらいます。座席についたら、大きなカバンや上着などは手荷物棚へ。手元に置いておきたいものは、前の座席ポケットか、座席下に置きます。**座席周りには、さまざまな設備があり、活用すれば快適に過ごせます。**

機内座席周りの設備

機内トイレの設備

使用のサイン

VACANT

OCCUPIED

上の読みは「ヴェイカント」で「空き」を示し、下は「オキュパイド」で「使用中」を示す。

トイレの表示

LAVATORY

LAVATORYとあるのが一般的。読み方は「ラヴァトリー」。

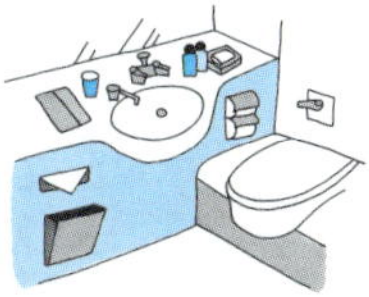

座席についたら

シートベルトをしめて離陸を待つ。

スマホの電源は切るかマナーモードに。

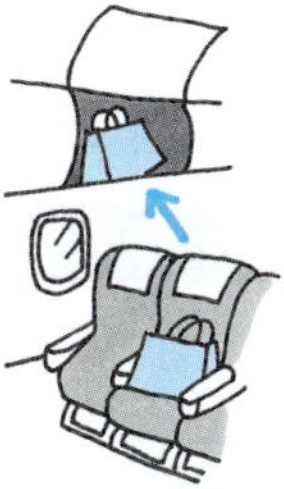

かさばる荷物は棚にのせる。

機内での電子機器の使用について

離陸から着陸までの間、電波を発するすべての電子機器（スマートフォン、ノートパソコン、タブレット端末、ワイヤレスヘッドフォン、ワイヤレスゲーム機、GPS機能のついたデジカメなど）の使用は一切禁止。航空機運航の安全に支障を及ぼす恐れがあるからです。
上記の電子機器は、飛行中に使用OKのアナウンスがあったときに限り、作動しても電波を発信しない状態（ノートパソコンの場合、インターネットやメール使用は×、「無線オフ」にした状態での動画鑑賞は○）で使用できます。航空会社・路線によってはインターネット接続サービスがあり、これを利用すればインターネットも楽しめます。

機内での過ごし方

いろんな機内サービスあり

無事飛行機が離陸して安定した飛行になると、**ドリンクサービスを皮切りに、さまざまな機内サービスが始まります。**各社独自のサービスもありますが、代表的なものは下記の通り。席の順に必ず回ってくるので、自分だけ先にサービスを受けようとしないようにしましょう。

機内サービスあれこれ

- ドリンクサービスや機内食
- 新聞、雑誌
- 音楽プログラムや映画上映
- 免税品の販売

ほかに、子ども用のオモチャや絵本、アメニティグッズなどが用意されていたり、無料の便せんや絵ハガキがもらえることもある。

機内食について

機内食はエコノミークラスなら、**1枚のプレートにメインからデザートまでのった状態で配られ、メインは肉や魚など複数から選ぶのが一般的**です。アレルギーあるいは宗教上の理由などで食べられないものがある人は、事前に航空会社に相談しておくといいでしょう。ソフトドリンクは無料ですが、アルコール類は有料の場合もあります。

快適グッズを活用して

旅先で元気に動けるよう、機内で睡眠をとっておくのも大事なこと。座席ではなかなか熟睡できませんが、U字型空気枕で首が痛くなるのを防ぐなど、**快適グッズを活用してぐっすり眠りましょう。**

U字型空気枕・耳栓・アイマスク・スリッパなどの快適グッズ

エコノミークラス症候群に注意！

エコノミークラス症候群とは、じっとしている間に脚の静脈内にできた血栓が、立ち上がった拍子に肺に移動して**呼吸困難や心肺停止をもたらす疾患**です。左記のような予防法をとっておきましょう。

予防法

- 水分補給を心がける
- 酒類を飲みすぎない
- 体を締め付けない服装をする
- こまめに手足を動かして血流をよくする

機内でのマナー

公共の場という意識をもって

機内は、限られたスペースとはいえ、**多種多様な人々が集まった公共の場であるとの認識を。**外国の人も数多く乗っているので、最低限のマナーを守りたいもの。次のようなことに気をつけましょう。

シートを倒すときはひと声かけて

リクライニングシートを倒すときは、後ろの席の人にひと声かけて。食事時間には戻すようにします。

化粧直しは洗面所で

着替えや化粧直しは洗面所で迅速に。ただし、混み合っている時間帯は避けましょう。

機内をウロウロ歩き回らない

狭い機内で用もなく歩き回るのは周囲にとって迷惑。基本は、席についていること。

客室乗務員をやたらと呼びつけない

こまかい心配りをしてくれる客室乗務員は忙しいもの。困ったことがあったら遠慮なく尋ねて構いませんが、やたらと呼びつけ、あれこれ要求するのは迷惑です。

ベルト着用サインを守る

飛行中、気流の関係でベルト着用サインが点灯することもあります。速やかに従いましょう。

飲みすぎ、食べすぎに注意

機内の気圧は地上より低く、アルコールの回りが早いです。満腹で座り続けるのも胃に負担がかかるので、飲食はほどほどにしておきましょう。

トイレはサインを確認して行く

離着陸時や、飛行中でもベルト着用サインがついているときは、基本的にはトイレを使えません。サインを確認してから行きましょう。

機内での**入国準備**

税関申告書と出入国カードを記入する

到着間近になると、1人ずつに税関申告書と出入国カードが配られます。どちらも目的地の空港での**入国審査に必要な書類ですから、着陸するまでに、もれなく書き入れておきましょう。**もし手元にペンがない場合は、客室乗務員に言って借りましょう。

税関申告書記入例

※署名以外はローマ字のブロック体で記入する

●「滞在中の住所」欄は宿泊するホテル名でもOK

●関税がかかるものがあれば記入する

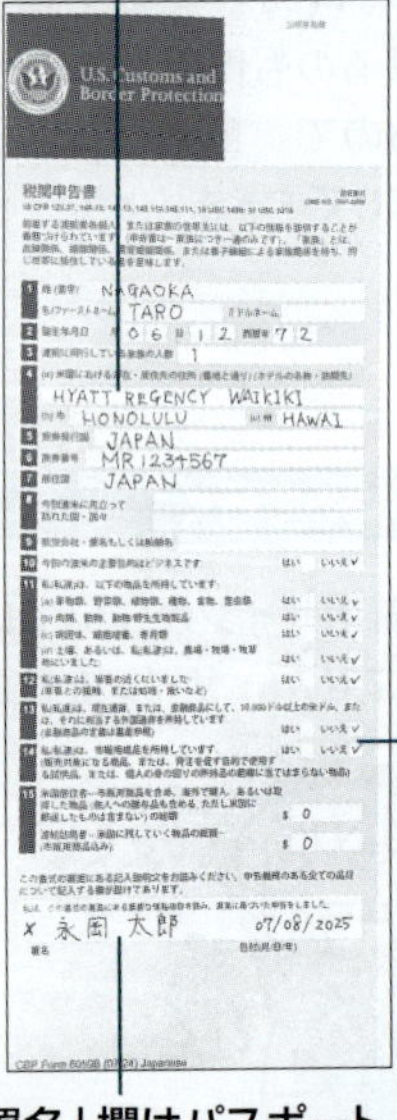

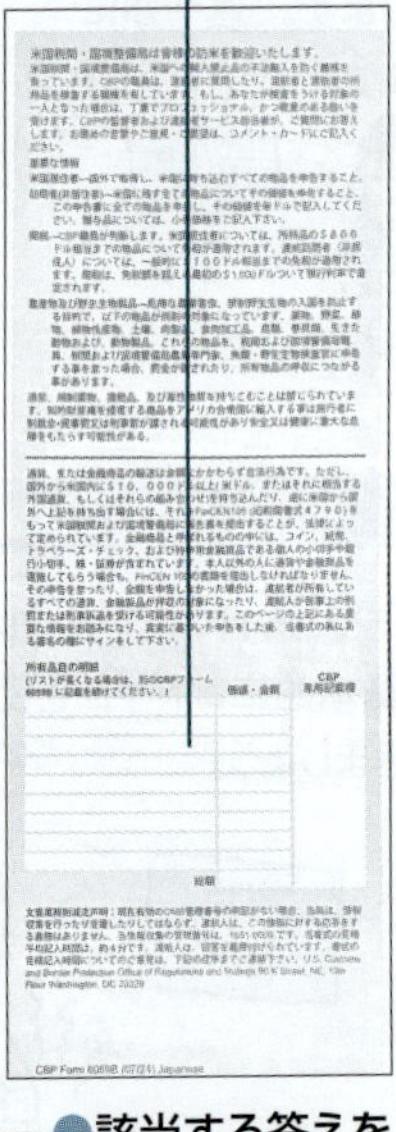

●「署名」欄はパスポートと同じサインを記入する

●該当する答えをチェックする

出入国カードの記入例

※署名以外はローマ字のブロック体で記入する

- 「滞在中の住所」欄は宿泊するホテル名でも OK
- 「署名」欄はパスポートと同じサインを記入する

ARRIVAL CARD ※ Please fill out in Korean or English.
入国申告書(外国人用) ※ 请填写韩语或英语。

Family Name / 氏: NAGAOKA
Given Name / 名: TARO
☑ Male / 男 ☐ Female / 女
Nationality / 国名: JAPAN
Date of Birth / 生年月日: 1 9 7 2 0 6 1 2
Occupation / 職業: OFFICE CLERK
Address in Korea / 韓国の連絡先 (☎: 2 - 753 - 7788)
HILTON HOTEL SEOUL
※ 'Address in Korea' should be filled out in detail. (See the back side)
※ '韓国の連絡先'は必ず詳しく作成して下さい. (裏面参照)
Purpose of visit / 入国目的
☑ Tour 観光 ☐ Visit 訪問
☐ Business 常用 ☐ Employment 就業
☐ Others その他 ( )
Signature / 署名: 永岡太郎

- Family Name（姓）
- First Name（名）
- Nationality（国籍）
- Country of Residence（居住国）
- City of embarkation（搭乗地）
- Address in ○○（滞在中の住所）

などを記入する。

パッケージツアーなら、事前に日程表と一緒に出入国カードも送ってくれる場合があります。同封されていなかったら問い合わせてみましょう。あらかじめ記入できていれば安心ですね。

入国手続きの流れ

現地空港に到着（P.89）

▼

検疫・入国審査を受ける（P.90）

▼

荷物の受け取り（P.92）

▼

税関（P.94）

▼

到着ロビーへ（P.95）

入国①到着

機内に忘れ物がないか確認

目的地が近づいたら、到着準備をします。ベルト着用サインが出るとトイレには行けないので、必要なら早めにすませて。**現地の気候に合った服への着替え、時計を現地時刻に合わせる、座席ポケットに忘れ物をしていないかチェックする**など、着陸に備えます。

到着ゲートへ進む

飛行機を降りたら、「ARRIVAL（到着）」のゲートに向かい、「IMMIGRATION（入国管理）」の表示に従って進みます。乗り換えの人は「TRANSFER」のほうに（96ページ参照）。入国審査に備えて、**パスポートや搭乗券、記入した出入国カード、税関申告書は取り出しやすいところに準備しておきましょう。**

検疫・入国審査へ（90ページ）

入国②検疫・入国審査

検疫は指定されている国でのみ行われる

検疫は一部の指定された国でのみ行われます。日本で予防接種をしてイエローカード（33ページ参照）を取った人は、「QUARANTINE（検疫）」の窓口で提示を。検疫が必要ない国では、すぐ入国審査に入ります。

入国手続きの流れ

1 「IMMIGRATION」の表示に進む

「**IMMIGRATION（入国管理）**」（もしくは「**PASSPORT CONTROL**」）と表示されているほうに進む。

② 外国人用ブースに並ぶ

「**NON-RESIDENTS（非居住者）**」または「**FOREIGN PASSPORT（外国人）**」と表示されたブースに並ぶ。

③ 係官にパスポートなどを提示する

パスポートと航空券、出入国カード、必要な国ではビザも併せて提示する。出入国カードを戻されたら帰国時まで大切に保管。係官に簡単な質問をされることも。入国時に指紋採取と写真撮影を行う国もある。

ここで使える英会話

係官　旅行の目的はなんですか?

What’s《ホワッツ》 the《ザ》 purpose《パーパス》 of《オヴ》 your《ユァ》 visit《ヴィズィット》?

旅行者　観光（ビジネス）です。

Sightseeing《サイトスィーイング》（Business《ビジネス》）.

係官　何日の滞在予定ですか?

How《ハウ》 long《ロング》 are《アー》 you《ユー》 going《ゴゥイング》 to《トゥ》 stay《ステイ》?

旅行者　２週間（５日）です。

Two《トゥー》 weeks《ウィークス》（Five《ファイヴ》 days《デイズ》）.

荷物受け取りへ（92 ページ）

荷物受け取りの流れ

1 利用便名が表示されたターンテーブルへ

「BAGGAGE CLAIM AREA（手荷物受け取り場）」へと進み、乗ってきた飛行機の便名が表示されたターンテーブルに移動する。

2 自分の荷物が流れてくるのを待つ

ターンテーブル沿いに立って、自分が預けていた荷物が流れてくるのを待つ。近くで荷物を取る人のじゃまにならないように。

③ 自分で荷物を取って税関へ

自分の荷物が流れてきたら速やかに取って税関へ進む。もし取りそびれてもまた回ってくるのであわてずに待つ。荷物が多いときは近くにあるカートにのせて移動するとラク。

自分の荷物が出てこなかった場合

万一自分の荷物が出てこなかったら、荷物預かり証（72ページ参照）を空港の係官に見せて問い合わせます。荷物が未到着なら「手荷物事故報告書」に記入し、見つかりしだいホテルに届けてもらうように。それまで必要な日用品の購入費については、補償金が支払われるケースもあります。紛失した場合には、帰国後、補償について航空会社に確認しましょう。

ここで使える英会話

私の荷物が見当たりません。

My《マイ》 baggage《バギッジ》 is《イズ》 missing《ミッシング》.

預かり証はこれです。

Here《ヒア》 is《イズ》 my《マイ》 claim《クレイム》 tag《タグ》.

▼

税関を通り、到着ロビーへ（94ページ）

税関申告の流れ

①「CUSTOM」の表示に進む

荷物を持ったまま「CUSTOM（税関）」と表示されたカウンターに進む。

②カウンターでチェックを受ける

カウンターに税関申告書を提出。質問されたり、荷物を開けられることもある。バッグのカギはすぐ出せるように。

ここで使える英会話

係官　何か申告するものはありますか?

Do《ドゥ》 you《ユー》 have《ハヴ》 anything《エニスィング》 to《トゥ》 declare《ディクレア》?

旅行者　いいえ、身の回りの品だけです。

No《ノゥ》, personal《パーソナル》 belongings《ビロングィングズ》 only《オンリィ》.

係官　この錠剤はなんですか?

What《ホワット》 are《アー》 these《ディーズ》 pills《ピルズ》?

旅行者　胃薬です。

This《ディス》 is《イズ》 stomach《スタマク》 medicine《メディスィン》.

▼

到着ロビーへ

迎えの人は到着ロビーで待っている

税関を過ぎたら、到着ロビーへ。**現地係員付きのツアーなら、係員がここでツアー名や旅行者名が書かれたプラカードを持って立っています。**先方が見つけやすいよう、旅行会社から渡されたバッジやタグは体やカバンにつけておくこと。

両替などをすませて目的地へ

現地通貨を持っていない場合は、空港の両替所で、当面必要なお金を両替しておきます。チップ用に小額紙幣をまぜてもらいましょう。必要な人は、帰国便のリコンファームもすませておくと安心（158ページ参照）。送迎のない場合は、各種交通機関を利用して、いざ目的地へ出発！

交通手段のいろいろ

リムジンバス

観光案内所などで切符の入手方法や行き先を確認。

タクシー

白タクは避ける。必ず正規のタクシー乗り場から乗ること。

ホテルの送迎バス

無料で安心。あるかどうか出発前にホテルに確認しておくこと。

電車・地下鉄など

時間が読め、安くて手軽。降車駅を間違えないように。

TABI COLUMN 旅 2

トランジットとトランスファー

目的地に直行便で向かうほか、給油などのために経由地でトランジット（一時寄港）したり、ほかの飛行機にトランスファー（乗り換え）する場合もあります。手順は以下の通りです。

トランスファー

1 飛行機から降りる

機内に持ち込んだ荷物はすべて持って飛行機を降りる。預けた荷物は航空会社側で積み替えてくれる。

2 チェックイン

「TRANSFER」の表示に従って進み、乗り換え用カウンターにパスポートと航空券を提示して再チェックイン。

3 搭乗

搭乗時間が来たら、指定されたゲートから搭乗する。

トランジット

1 飛行機から降りる

手荷物はそのままでOK。貴重品のみ持って飛行機から降りる。

2 カードの受け取り

空港係員からトランジットカードを受け取る。

3 トランジットルームへ

「TRANSIT」の表示に従ってトランジットルーム（待合室）やロビーで待機。買い物もできる。

4 搭乗

搭乗時間が来たら、指定されたゲートでトランジットカードを見せて搭乗する。

Chapter 3

現地での楽しみ方

ホテルライフ①チェックイン

ツアーなら添乗員が代行

ホテルに到着したら、チェックインを行いますが、**ツアーの場合は添乗員または現地係員がフロントとやり取りしてくれます。**個人旅行の場合、まれに予約が入っていなかった、ということもあります。宿泊予約確認書を持参していなくて、ホテル側にも断られたら、最寄りの観光案内所に相談をしましょう。

チェックインの流れ

1 フロントへ行く

フロントに予約してある旨を伝える。

2 宿泊カードを書く

宿泊カードにローマ字で住所と名前を書く。クレジットカードやパスポートの提示を求められることもある。

3 ルームキーを受け取り、部屋へ

ルームキーを受け取ると、ベルボーイが荷物を運び、部屋へ案内してくれる。

ここで使える英会話

チェックインをお願いします。

Check《チェック》 in《イン》, please《プリーズ》.

予約してあります。

I《アイ》 have《ハヴァ》 a reservation《リザヴェイション》.

これが（予約の）確認書です。

Here《ヒア》 is《イズ》 the《ザ》 confirmation《カンファメイション》 sheet《シート》.

サービスを受けたらチップを

日本人には慣れない習慣のチップですが、ホテルでサービスを受けたら、**お礼のひと言を添えて随時手渡すようにします**。ルームメイドへのチップは、部屋を出るときに枕元かテーブルに置いておくように。

ホテルのチップの目安

国名	ベルボーイ(荷物１個)	ルームメイド(１泊)	ルームサービス
アメリカ	１～２ドル	２～５ドル	金額の10～15%
カナダ	1～2カナダドル	2～5カナダドル	金額の10～15%
フランス	１～２ユーロ	１～２ユーロ	１～２ユーロ
イギリス	１～２ポンド	１～２ポンド	１～２ポンド
イタリア	１～２ユーロ	１～２ユーロ	１～２ユーロ

ホテルライフ②部屋のチェック

荷ほどきの前に確認を

ホテルの部屋に入ったら、**荷ほどきをする前に室内のチェックを。**もし不備な点があったら、すぐにフロントもしくはツアー添乗員に知らせて対処してもらいましょう。あとになってクレームをつけてバタバタするよりも、早めのタイミングで申し出るほうがずっとスムーズに事が運びます。

CHECK Point 1

部屋のタイプは予約どおりか

「オーシャンビューを予約したのに海が見えない」など、部屋のタイプが違っていたら替えてもらう。

CHECK Point 2

カギはちゃんとかかるか

最近増えているカードキーも、正常に作動するか確認。カギ受けが電気のスイッチになっている場合もある。

カードキーの使い方

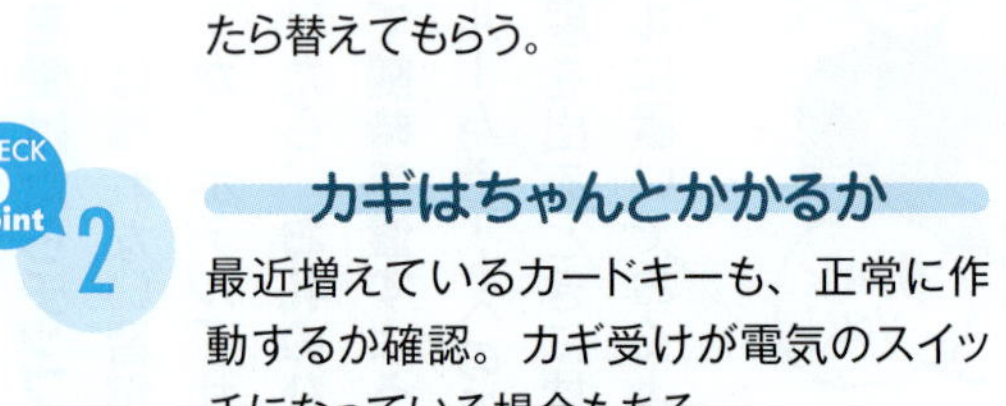

ドアノブのところの差し込み口にカードキーを入れる。

解錠すると緑のランプがつくので、速やかにドアをあける。

CHECK Point 3

水、お湯は出るか

トイレの水は流れるか、シャワーは熱いお湯が出るか試してみる。

CHECK Point 4

電気製品は使えるか

テレビやライト、エアコンなどが作動するか確認。

CHECK Point 5

貴重品ボックスは使えるか

ちゃんとカギがかかるかどうか確かめる。

CHECK Point 6

アメニティグッズは揃っているか

タオルや石けん、洗面セットなどがセットされているか確認（歯ブラシはついていない場合があるので持参して）。

ここで使える英会話

電気（テレビ）がつきません。

The《ザ》 light《ライト》(TV)《（ティーヴィー）》 doesn’t《ダズント》 work《ワーク》.

トイレの水が流れません。

The《ザ》 toilet《トイレット》 doesn’t《ダズント》 flush《フラッシュ》.

部屋を暖かく（涼しく）してください。

Please《プリーズ》 make《メイク》 my《マイ》 room《ルーム》 warmer《ゥオーマー》(cooler)《（クーラー）》.

お湯が出ません。

The《ザ》 hot《ホット》 water《ゥワタァ》 doesn’t《ダズント》 work《ワーク》.

ホテルライフ③部屋の使い方

部屋のしくみ

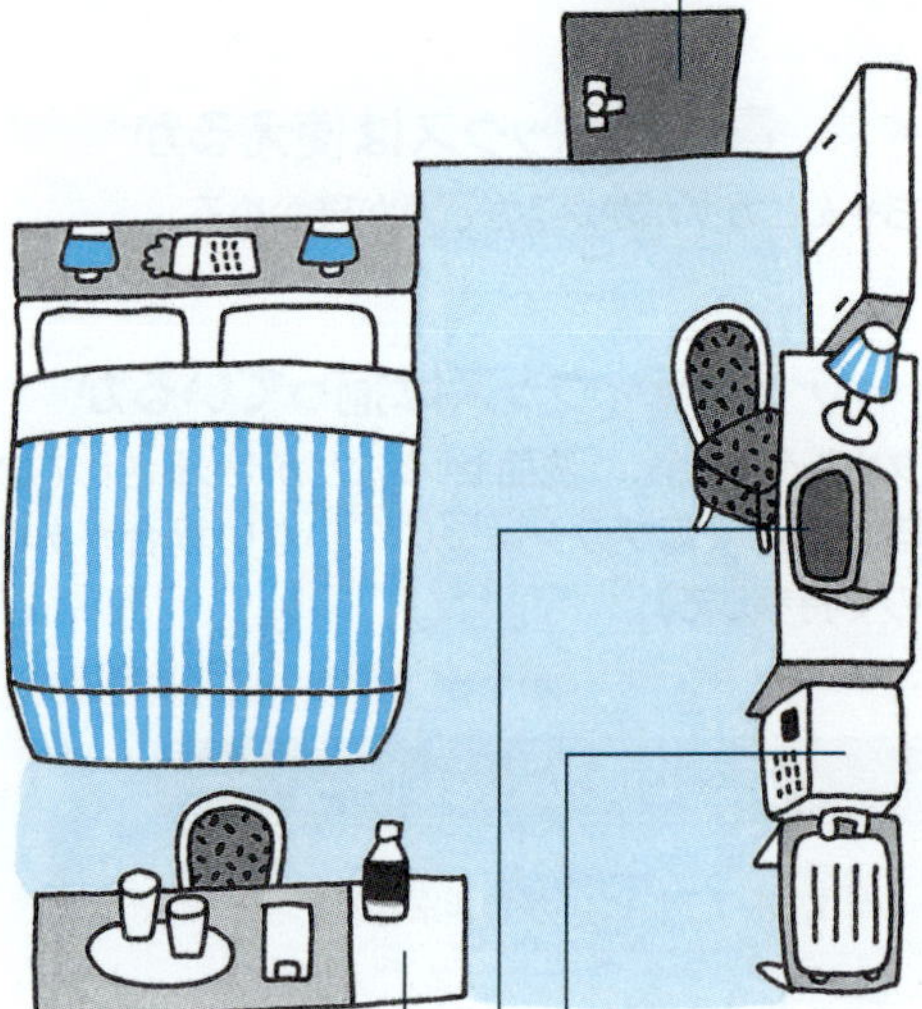

●ドア

ほとんどがオートロック式なので、部屋にカギを置き忘れて閉め出されることのないように注意。

●ミニバー

ソフトドリンクやアルコール類、つまみなどがある。使用分はチェックアウト時に精算。

●貴重品ボックス

貴重品を入れたらカギをかけ忘れないように。

●テレビ

通常チャンネル（無料）のほか、映画など有料のチャンネルもある。

※ドライヤーやバスローブなどの備品は備えていないところもあるが、貸してもらえることもあるので必要ならフロントに聞いてみる。

バスルームのしくみ

●シャワーカーテン
シャワーを使う際は、バスタブ内に引き込んでおくこと。

●ゴムマット
バスタブの底に敷いて滑り止めに使用する。

●蛇口
たいてい「H(温水)」と「C(冷水)」の2つがある。ヨーロッパでは水が「F」、お湯が「C」の場合もあるので注意。

●ビデ
女性用洗浄器。間違って洗濯などしないように。

●トイレ
ウォシュレットや便座の保温機能はないことが多い。

●床
洗い場ではないので水を流さないこと。水漏れ事故につながる恐れも。

持参の電気製品を使うときは注意

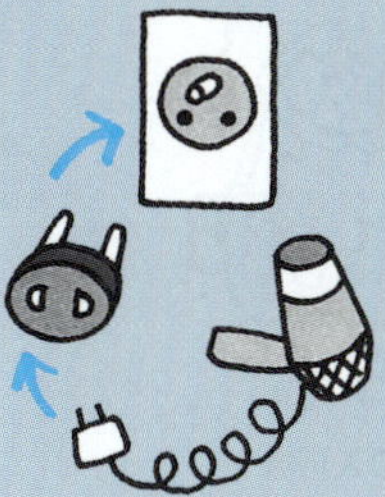

各国で差し込み口が違います。電器店などで旅先を告げ、必要ならば変換プラグの購入を。また、国によって電圧も違い、消費電力が高いドライヤーや、一部の電化製品には海外電圧未対応の製品も。その場合、変圧器の持参が必要です。

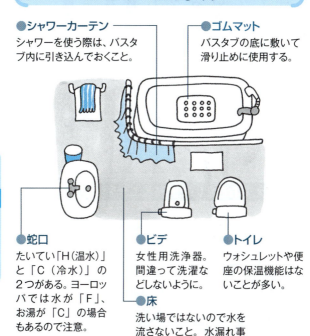

ホテルライフ④マナー&エチケット

節度あるふるまいを心がけて

ホテルの部屋以外の場所は公共のスペース。**周囲の人への気遣いを忘れないようにしましょう。**参加人数が多いパックツアーの場合はとかく気がゆるみ、ロビーや廊下などでつい大声で話したり笑い声をたてたりしがちなので気をつけて。周囲に不快感を与え、「日本人」そのものの印象も悪くしてしまいます。

覚えておきたいマナー&エチケット

●ドアの開閉は静かに

●パジャマ姿やスリッパのままで部屋の外を歩かない

●フロントや廊下で大騒ぎしない

●深夜の入浴はなるべく控える

●エレベーターやドアは
ゆずり合って

●サービスを受けたら
感謝の言葉を

●タバコは喫煙所で
吸うこと

●洗濯物は外ではなく
室内に干す

●ドアには必ず
チェーンをかけておく

●ホテルの高級レストランでは
服装に注意

ホテルライフ⑤チェックアウト

忘れ物のないように

チェックアウトの際は、**荷造りが終わったあとに、今一度忘れ物がないかチェック**。浴室もしっかりチェックしましょう。

出発時間が早いときは、前日の夜にチェックアウトをすませておくことも可能（157ページ参照）。ミニバーなどの支払いがあったら、精算時にレシートをしっかり確認しましょう。

CHECK Point　忘れ物チェックポイント

- 貴重品ボックスに入れた貴重品（フロントに預けた分も忘れずに）
- クローゼットや引き出しの中に入れた衣類

- バスルーム（タオルや化粧品など）
- ベッドサイド（時計やアクセサリーなど）

チェックアウトの手順

① ベルボーイに荷物を運んでもらう

内線でベルボーイを呼び、フロントまで荷物を運んでもらう。

② ルームキーを返却する

フロントにルームキーを返却して精算をする。部屋を引き払ったあとでも、数時間ならホテルで荷物を預かってもらえるので、必要なら頼んでみましょう。

ここで使える英会話

412号室のチェックアウトをお願いします。

Room《ルーム》 412《フォーワントゥー》. Check《チェック》 out《アウト》, please《プリーズ》.

今晩のうちに精算しておいてください。

Would you《ウッヂュー》 have《ハヴ》 my《マイ》 bill《ビル》 ready《レディ》 by《バイ》 tonight《トゥナイト》?

ベルボーイをよこしてください。

Please《プリーズ》 send a《センダ》 bellboy《ベルボーイ》.

荷物を午後5時まで預かってもらえますか?

Could you《クッヂュー》 keep《キープ》 my《マイ》 baggage《バギッジ》 until《アンティル》 5《ファイヴ》 P.M.《ピーエム》?

レストランで食事①店を選ぶ

事前に情報収集を

レストランで食事をする際は、事前にしっかり情報収集をして、満足できる1軒を探したいもの。ただし、雑誌や本の情報などは古いものもあるので、行ったらお目当ての店がなかった、などということもあります。**現地でも添乗員やホテルのコンシェルジュに聞いてみるとよいでしょう。**

人気の店や高級店は予約を

人気店や高級店は、予約を入れてから行くのが安心。自分で予約をするのが不安なときは、添乗員やホテルのコンシェルジュに頼んで予約してもらいましょう。日本でネット予約できる店もあります。

ここで使える英会話

代わりに予約をお願いできますか?

Could you《クッヂュー》 make a《メイカ》 reservation《リザヴェイション》 for《フォア》 me《ミー》?

今晩７時に２人分の予約をお願いします。

I'd《アイドゥ》 like《ライク》 to《トゥ》 reserve《リザーヴァ》 a table《テイブル》 for《フォア》 two《トゥー》 at《アト》 7:00《セヴン》 this《ディス》 evening《イヴニング》.

服装の決まりはありますか?

Do《ドゥ》 you《ユー》 have a《ハヴァ》 dress《ドレス》 code《コウド》?

レストランでの流れ

1 入店

高級店ではカジュアルすぎる服装は避ける。入口で予約した旨を伝えると、テーブルまで案内してくれる。

2 着席

イスを引いてくれたら、女性から座る。メニューを持ってきた人がテーブルの担当者なので、注文などはすべてこの人に。

3 注文

食前酒から頼むが、お酒が飲めない人はソフトドリンクでもOK。飲み物がいらなければその旨を伝える。料理は、メニューを見て指をさして注文してもOK。

4 食事

飲み物がきたら、ナプキンを二つ折りにしてひざにのせ、食事がスタート。

5 支払い

食事が終了したら、テーブルに担当者を呼ぶ。会計を頼み、支払う（112ページ参照）。

レストランで食事②マナー&エチケット

マナーを守って楽しく食事

レストランでは、左ページにあげたマナーやエチケットを守りたいものですが、失敗を恐れて緊張しては、せっかくの食事が台無しです。堅苦しく考えず、**わからないことがあれば、臆せずお店のスタッフに聞くのがいちばん。**コミュニケーションができれば、食事の場も盛り上がります。

ナプキンの使い方

（食事中は二つ折りにしてひざにのせる）

- 食後は軽くたたんでテーブルに置く
- 中座するときはイスの上に置く

ナイフとフォークの使い方

（複数並んでいたら外側から順に使う）

- 食事中は皿にハの字に置く
- 食後は揃えて斜めに置く

水は有料なので注意

海外のレストランでは、水を頼むと有料のミネラルウォーターが出されることがほとんど。日本のように無料ではないので注意して。ヨーロッパでは炭酸ガス入りが一般的なので、炭酸ガスなしのものが欲しいときは「Without gas（ウィザウト ガス）」と注文を。

覚えておきたいマナー&エチケット

- 食事中は音を立てない
- ウエイターを大声で呼ばない
- 飲み物を注ぐときグラスを持たない
- 物を落としたらウエイターに頼む

- 喫煙席でもタバコはデザートまで吸わない
- 大きな声でしゃべらない
- パンは手でちぎって食べる

- フォークを持ったままグラスに手を伸ばさない
- テーブルで化粧直しはしない
- デザートは食事がすんでからオーダーする

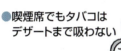

レストランで食事③支払い

テーブルで支払うのが基本

食事が終了したら、支払いをします。海外のレストランでの会計は、テーブルですませることがほとんど。**ウエイターに言えば、伝票を持ってきてくれるので、内容を確認のうえ支払います。**ホテル内のレストランなら、サインひとつで部屋づけにすることもできます。

ここで使える英会話

お勘定をお願いします。

Check《チェック》, please《プリーズ》.

サービス料は含まれていますか?

Is《イズ》 service《サーヴィス》 charge《チャージ》 included《インクルーディド》?

料金は部屋につけてください。(ホテルの場合)

Will《ウィル》 you《ユー》 charge《チャージ》 it《イト》 to《トゥ》 my《マイ》 room《ルーム》, please《プリーズ》?

このカードで支払いはできますか?

Do《ドゥ》 you《ユー》 accept《アクセプト》 this《ディス》 card《カード》?

チップも忘れずに

チップの習慣がある国では、レストランでも忘れずに渡しましょう。目安は料金の10～20%。ただし、料金にサービス料が含まれていたら、チップを出す必要はありません。伝票をよく見て確かめるようにしましょう。セルフサービスの店や、ファーストフード店ではチップは不要です。

チップの払い方

●支払いが現金の場合

きっちり払えるなら、料金にチップ分を足して置き、席を立つ。

おつりがある場合なら、おつりを待って、そこからチップ分を置いて席を立つ。

●支払いがカードの場合

カードで食事の料金だけ払い、カードと控えが戻ってきたら、チップ分だけ現金を置いていく方法も。

カード伝票に「TIP（チップ）」の欄があれば、そこにチップの金額を記入し、合計額も書いて渡せばOK。

買い物をする①注意点

営業時間や定休日をチェック

欧米のお店の営業時間は、開店は9~10時、閉店は19時前後が一般的。昼休み中は閉まっている場合も。**土曜日は半休、日曜・祝日は定休日ということも多いので、事前にしっかり確認を。**

ブランド品は直営店で

街中には、高価な一流ブランドのコピー商品が出回っています。**そういったものには手を出さず、必ず直営店で買いましょう。コピー商品の日本国内への持ち込みは禁止**されています。

値段交渉にもコツあり

どの店でもできるわけではありませんが、バザールやマーケットといった地元の人が通う店でなら、値引き交渉してみる価値はあります。**まとめ買いをしたり、グループで一括購入したり、高いものと組み合わせて購入するなどして、値引きしやすい状況にもっていくとスムーズです。**

レシートやおつりは必ず確認

品物を購入したら、必ずレシートのチェックを。個数や金額に誤りがないか、よく見ます。クレジットカードで支払う場合も、**明細書の内容を確認してからサインすること。**スキミング予防のためにも、カードを渡している間、店員から目を離さないようにしましょう。現金で払い、**おつりをもらったときも、その場でしっかり数え、間違いがないか確かめます。**

●レシートの内容をよく見る
●おつりもその場で確認

買いすぎた荷物は別送する手も

旅先で買ったものを持ち帰るのが大変なときは、下記のような方法で日本へ送ることが可能。帰国時に申告書を提出する必要があります（164 ページ参照）。国によっては紛失のリスクが高いことも。その国の郵便事情によっては、高価なものは送らないようにすることも大切。

●郵便小包　航空便（到着まで 1 ～ 2 週間）と船便（到着まで 1 ～ 3 か月）の 2 種類。紛失や破損が心配なら、保険付き小包を利用すると安心。

●別送航空貨物　航空券に記載されている区間を飛行機で運んでくれるシステム。航空会社に申し込む。

●国際宅配便　料金は高めだがスピーディー。有名観光都市に多くある。着払いも可能で便利。

買い物をする②マナー&エチケット

日本と同じつもりではダメ

日本では当たり前のようにふるまっている態度が、海外では受け入れられないことも。**大勢で押しかけて騒いだり、やたらと商品にさわるのはマナー違反**です。また、お店に入った時点で「買う意思がある」と先方は思い、声をかけてきます。見ているだけなら、その旨をはっきり伝えましょう。

ここで使える英会話

店員　何かお探しですか?

Can I《キャナイ》(May I《メイ アイ》) help《ヘルプ》 you《ユー》?

客　見ているだけです。ありがとう。

I'm《アイム》 just《ジャスト》 looking《ルッキング》, thank you《サンキュー》.

ウインドーの中のものを見せてください。

Please《プリーズ》 show《ショウ》 me《ミー》 that《ザット》 one《ワン》 in《イン》 the《ザ》 window《ウィンドゥ》.

手に取っていいでしょうか?

Can I《キャナイ》 pick《ピック》 it《イト》 up《アップ》?

買い物タブー集

●無断で商品にさわらない。手に取りたいときは店員にひと声かけて。

●声をかけてきた店員が担当者。以降、ほかの店員と交渉するとルール違反になる。

●高級店にカジュアルすぎる服で入るのは、店のイメージダウンになるので NG。

●ツアーグループで店内に入り、ワイワイ騒ぐのは、ほかの客の迷惑。

●買い物中にバッグを床に置いていると盗難の被害にあう恐れがあるので注意して!

●商品を見せられても、断るときははっきりと。あいまいな態度は店側も困る。

買い物をする③免税店の活用法

免税ショッピングを楽しもう

日本で買うと多額の税金が課せられる外国製品も、海外旅行中なら免税価格で買えます。免税品を取り扱う店には「DUTY FREE（デューティーフリー）」と書かれています。空港や街中などにあり、**買い物の際は、パスポートの提示や航空便名の確認を求められることもあります。**

免税品が買えるところ

●街中の免税店

「DFS」に代表されるような大規模店は、フロアが広く、デパート感覚で楽しめる。すでに免税された価格の店、精算時に免税にする店、後日「免税措置制度（119ページ）」で払い戻すケースもある。

●機内販売

商品は限られるが、街中にはない数量限定品など掘り出しものがある場合も。

●空港内の免税店

待ち時間に利用できて便利。空港により、品揃えや規模に差がある。

免税措置制度を利用しよう

ヨーロッパの大半の国では、旅行者を対象とした特約免税店が存在し、**一定額以上の買い物をして、所定の手続きをとれば、あとで税金分を返金してくれる付加価値免税の制度があります。**海外旅行者の特権ですから、ぜひ利用を。受け取り方法は、下記のほか、空港で現金を受け取れる場合も。EU加盟国を複数回る場合は、最後に訪れた国でまとめて申請できます。

免税手続きの流れ

1 店で書類をつくってもらう

「TAX FREE」マークのある店で免税対象金額以上の買い物をしたら、支払い時にパスポートを提示して免税書類を作成してもらう。

2 税関でスタンプをもらう

出国時、空港の税関に免税書類を提出し、スタンプを押してもらう。パスポート、航空券（搭乗券）、レシート、商品を窓口で提示する必要がある。

3 ポスト投函

免税書類を封筒に入れ、空港内にある所定のポストに投函する。海外または成田、関西空港内の所定のカウンターに書類を提出し、現金で受け取れる場合もある。

4 後日、免税分が戻ってくる

ポスト投函の場合、帰国後に免税分がクレジットカード口座への振り込みか銀行小切手で戻ってくる。

買い物をする④海外のサイズ表示

国によって違うサイズ表示

海外の衣類のサイズ表示は日本と違うので、**自分のサイズがどの表示になるか、知っておくといいでしょう。**また、メーカーやブランドにより、フィット感も違います。表示だけに頼らず、試着のうえ購入するのがよいでしょう。帰国してからでは、返品はできません。

ここで使える英会話

試着していいですか?

May《メイ》 I《アイ》 try《トライ》 this《ディス》 on《オン》?

ぴったりです。

This《ディス》 is《イズ》 just《ジャスト》 my《マイ》 size《サイズ》.

大き（小さ）すぎます。

This《ディス》 is《イズ》 too《トゥー》 big《ビッグ》(small)《（スモール）》.

小さい（大きい）サイズはありますか?

Do《ドゥ》 you《ユー》 have《ハヴァ》 a smaller《スモーラー》(bigger)《（ビガー）》 one《ワン》?

短い（長い／きつい／ゆるい）です。

This《ディス》 is《イズ》 too《トゥー》 short《ショート》(long/tight/loose)《（ロング／タイト／ルース）》.

各国のサイズ表示

男性

ワイシャツ（首回り）

日本	36	37	38	39	40	41	42	43
米・英	14	14½	15	15½	16	16½	17	17½
オーストラリア	36	37	38	39	40	41	42	43

靴

日本	24	24½	25	25½	26	26½	27
米	6	6½	7	7½	8	8½	9
英	5½	6	6½	7	7½	8	8½
オーストラリア	6½	7	7½	8	8½	9	9½

女性

洋服

日本	7	9	11	13	15
米	8	12	14	16	18
英	32	34	36	38	40
オーストラリア	8	10	12	14	16

靴

日本	22½	23	23½	24	24½	25	25½
米	5	5½	6	6½	7	7½	8
英	3½	4	4½	5	5½	6	6½
オーストラリア	6	6½	7	7½	8	8½	9

※上記のサイズは目安です。実際のサイズはメーカーにより多少異なることもあるので、試着することをおすすめします。

両替する

日本円で購入できない外貨は米ドルに

日本では両替できない通貨の国、日本円が通用しない国に行く場合は、**出発前に日本円を国際的な通用度の高い米ドルに替えておき、現地についてからその米ドルを両替す**るようにします。

旅先での両替方法

現地で両替するときは、できるだけ**交換レートがよいところで、使い切れる分だけを両替**しましょう。盗難や紛失などトラブルを防げます。

両替できる場所

ホテル

気軽に利用できるが、一般的にレートが悪く、手数料も高いところが多い。どうしても必要なときだけに。

空港・駅

営業時間が長くて便利だが、レートはあまりよくない。到着時にすぐ必要な分だけ両替するのに利用するとよい。

街中の両替所

街中の両替所は、レートや手数料がさまざま。ヤミ営業のところもあるので事前によく確かめる（123ページ）。

銀行

レートもよく、安心な場所なので多額を両替するときに利用したい。営業時間や休日を確認してから行くこと。

旅先での両替手順とコツ

1 窓口で申し込む

政府公認の両替所かどうか確認。申し込み用紙に両替したい金額を記入する。

2 日本円を渡す

申し込み用紙と一緒に日本円を渡す。パスポートの提示を求められることもある。

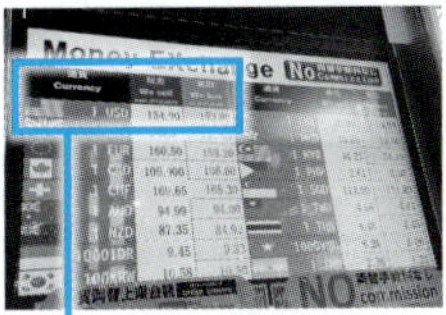

レートを確認して、条件が良い店を選ぼう。「NO FEE」「NO COMMISSION」の表示がある店は手数料がかからない。

3 現地通貨を確認

両替してもらった現地通貨の額があっているか、その場で確認する。

ドルを買うときは1ドル 154.90円で、売るときは1ドル153.80円ということ。この差がお店の利益になる。

4 両替証明書をもらう

受け取った両替証明書は、余った外貨を再両替する際に必要なので、なくさないように。

チップ用のお金も

チップの習慣がある国なら、少額のお金がちょくちょく必要に。両替の際、「スモールチェンジ、プリーズ」と言って**小額紙幣や小銭もまぜてもらう**とよいでしょう。

現地滞在の基礎知識①乗り物の利用法

鉄道

鉄道網が発達したヨーロッパ

ヨーロッパなど鉄道網の発達しているところでは、鉄道は手軽で便利な移動手段。構内アナウンスや発車ベルがない場合もあるので、乗るときは気をつけて。**事前に、その国の鉄道事情をよく調べておきましょう。**

地下鉄

都市部で重宝な地下鉄

都市部ならば、渋滞に巻き込まれる心配がなく、頻繁に出ている地下鉄の利用がおすすめ。利用法は日本とほぼ同じですが、**スリやひったくりが多発している場所もある**ので、所持品には十分注意して乗りましょう。

各国の地下鉄表示

- フランス→ **MÉTRO**　メトロ
- アメリカ→ **SUBWAY**　サブウェイ
- イギリス→ **UNDERGROUND/TUBE**　アンダーグラウンド／チューブ
- 香港→ **MTR**　エムティーアール

※韓国では「METRO」、中国では「SUBWAY」と表示。

バス

バスは目的に合わせて使い分け

バスには、大きく分けて**観光バス、市内バス、長距離バスの3種類があります。**国によって乗り方が違い、旅行者は勝手がわからずとまどうことも多いのですが、乗りこなせば旅の楽しみが広がります。目的に合わせてほかの交通手段とも上手に組み合わせ、使い分けましょう。

観光バス

観光スポットを効率よく回ることができる。旅行会社のオプショナルツアーに組み込まれているものも多い。

市内バス

地元の人が利用するバスなので、路線が多くて料金が安く、使いこなせればとても便利。

長距離バス

広大な国では飛行機代わりに利用される。移動時間はかかるが、リーズナブルな料金設定が魅力。

ここで使える英会話

この列車はヒューストンに行きますか?

Does《ダズ》 this《ディス》 train《トレイン》 go《ゴゥ》 to《トゥ》 Houston《ヒューストン》?

列車は何番ホームから出ますか?

What《ホワット》 platform《プラットフォーム》 does《ダズ》 the《ザ》 train《トレイン》 leave《リーヴ》 from《フロム》?

次の列車は何時に出ますか?

What《ホワット》 time《タイム》 does《ダズ》 the《ザ》 next《ネクスト》 train《トレイン》 leave《リーヴ》?

バスの路線図をください。

May《メイ》 I《アイ》 have a《ハヴァ》 bus《バス》 route《ルート》 map《マップ》?

ついたら教えてください。

Could you《クッヂュー》 tell《テル》 me《ミー》 when《ホウェン》 I《アイ》 get《ゲット》 off《オフ》?

タクシー

料金交渉はしっかりと

タクシーを利用する際に気をつけたいのは料金。メーターがなく、運転手との交渉が必要な国もあります。**金額をごまかされないためにも、ホテルのフロントなどで、あらかじめ目的地までの相場を聞いたうえで、しっかり交渉しましょう。** チップの習慣がある国では、料金に10~20%を上乗せして支払いましょう。

日本のタクシーと違う点

- 国によりチップが必要
- メーターがない場合も
- ドアは自動ではない

ここで使える英会話

タクシー乗り場はどこですか?

Where《ホウェア》 is《イズ》 the《ザ》 taxi《タクスィー》 stand《スタンド》?

メイシーズデパート（この住所）まで行ってください。

To《トゥ》 the《ザ》 Macy's《メイシーズ》(this《ディス》 address《アドレス》), please《プリーズ》.

博物館までいくらかかりますか?

How《ハウ》 much《マッチ》 is《イズ》 the《ザ》 fare《フェア》 to《トゥ》 the《ザ》 museum《ミューズィアム》?

ここで停まって（待っていて）ください。

Please《プリーズ》 stop《ストップ》(wait《ウエイト》) here《ヒア》.

料金がメーターと違うようですが。

The《ザ》 fare《フェア》 seems《スィームズ》 different《ディファラント》 from《フロム》 the《ザ》 meter《ミータァ》.

タクシーでトラブルにあわないために

●料金の相場を調べておく
運転手の言い値を払わされないよう、目的地までの相場がいくらか調べておく。

●言われるまま払わない
不当な料金を強く請求された場合は、支払わずにホテルのフロントに伝えたり、ナンバーを控えて警察に通報する。

●白タクには乗らない
許可のない白タクに乗るのはトラブルのもと。「TAXI」表示のあるものに乗車。

●行き先は正確に伝える
あいまいだと違う場所に連れて行かれてしまうことも。自信のないときは住所を渡す。

●タクシー乗り場から乗る
流しのタクシーには白タクも多い。タクシー乗り場から乗れば安心。

●メーターを確認する
メーターが作動していなかったり、表示されている金額より高く請求されていないか、しっかりと見る。

電動キックボード

街中での便利な乗り物

電動キックボードは、アプリ登録で利用できます。街の中にあるステーションから別のステーションへ移動でき、時間単位で料金を支払います。免許の有無、ヘルメットの着用などは、国によって異なります。

レンタカー

レンタカーに乗るには国外運転免許証が必要

海外でレンタカーを利用する際は、国外運転免許証が必要です（35ページ参照）。借りる際は、**前金の代わりにクレジットカードの控え**をとられるので忘れずに持って行きましょう。**大手のレンタカー会社なら、日本で予約もできます**。その場合、現地では予約確認書を提示すればOKです。

現地の交通事情をよく調べて

見知らぬ土地を走るのですから、**現地の交通事情や交通ルール**は事前に調べておきましょう。ドライブプランは入念にたて、給油のタイミングもできるだけ計画的に。

保険には必ず入っておく

対物、対人などの損害賠償保険料は、レンタル料金に含まれている場合がほとんどですが、会社によっては含んでいないところも。契約の際は料金の内訳をきちんと確認し、**保険料が入っていなかったら、必ず加入手続きをします。**

海外でのレンタカー利用の流れ

●借りるとき

1 レンタカー会社へ行く

現地のレンタカー会社へ行く。日本で予約してある場合は、予約確認書を忘れずに。

2 窓口で手続き

国外運転免許証、クレジットカード、予約確認書を提示する。

3 サインをする

保険の確認をし、契約書に必要事項を記入してサインをする。

4 クルマに乗って出発

クルマの状態をチェックし、OK なら乗り込んでドライブへ。

●返すとき

1 ガソリンを入れて戻る

ガソリンを満タンにしてレンタカー会社へ戻り、精算を申し出る。

2 チェックを受ける

係員がクルマの状態をチェックするので、終わるまで待つ。

3 精算する

キーを返却して精算。クレジットカードで支払うのが一般的だが、現金も可。

現地滞在の基礎知識②電話をかける

国際電話のかけ方

自分で直接かける

国際ダイヤル通話
International Direct Dialing

国際電話識別番号＋国番号＋国内電話番号にかければ、直接相手につながり、オペレーターを通すより安い。ホテルからかける場合は、頭に外線ナンバーをつけてから。

●東京 03（3992）××○○に
ハワイからかける場合

011-81-3-（①011、②81、③3）
3992-××○○（④）

①国際電話識別番号
②日本の国番号
③最初の 0 をとった市外局番
④電話番号

オペレーターを通してかける

各国際電話会社の地域ダイヤル番号にかけると、オペレーターにつながる。料金は高めだが、日本語対応もあり安心。

番号通知 Station Call	オペレーターに相手の電話番号だけを指定してつないでもらう。
指名通話 Personal Call	電話番号と名前を指定し、相手が不在なら料金がかからない。
コレクトコール Collect Call	通話料金は相手払い。相手の了承がないとつながらない。

プリペイドカードなら割安

国際電話を安くかけたいなら、通常の国際ダイヤル通話で話すより、プリペイドカードを使った通話がお得です。日本でも海外でも購入でき、使い方はほぼ同じ。**カードに書かれた番号にかけ、指示に従いながら、最後に相手の番号をプッシュすればつながります**。もちろん、公衆電話やホテルからも使用可能です。

通話料の支払いはクレジットカードでも

ホテルから電話をかけた場合はチェックアウト時に精算をしますが、手数料をとられることも。オペレーター通話の場合、受信人払いのコレクトコール以外は**クレジットカードでの引き落としが可能**なので、それを利用すればホテルへの支払いが発生しません。

ここで使える英会話

日本へ国際電話をお願いします。

International《インターナショナル》 call《コール》 to《トゥ》 Japan《ジャパン》, please《プリーズ》.

コレクトコール（クレジットカードコール）にします。

A《ア》 collect《コレクト》(credit《クレディット》 card《カード》)call《コール》, please《プリーズ》.

※電話番号やクレジットカード番号は数字を1ケタずつ読み上げ、ゼロは「オー」と読む。
例:「312 – 5609」は「スリー、ワン、トゥー、ファイヴ、シックス、オー、ナイン」と読む。

公衆電話のかけ方は国によって違う

旅行先での公衆電話の使い方は国によって違い、**日本と同じように硬貨を入れてかけるタイプと、電話用のコインやカードを使ってかけるタイプがあります。**現地でまごつかないためにも、ガイドブックなどでしっかり確認を。

海外の公衆電話の使用法

アメリカ	市内通話は 1 回 50 セントで通話できる。
イタリア 韓国	日本とほぼ同じ。受話器を取ってコインかテレホンカードを入れる。
イギリス	コインのみ使用できるプッシュフォンと、カードのみ使用できるカードフォン、ネット利用できる電話もある。
フランス	ほとんどが「テレカルト」と呼ばれるテレホンカードを使う方式。
オーストラリア	市内通話は無料。設置場所は少ないが機種はさまざまある。

万一のため、ホテルの電話番号を持ち歩こう

たとえスマホを持っていても、必ず相手に通じるとは限りません。知らない土地で途方に暮れることのないよう、**ホテルの電話番号だけは控えて常に持ち歩きましょう。**

海外でスマホを使うには

海外でのスマホ使用は、

①日本の空港でレンタル

②自分のスマホを持って行く

③キャリアショップ（docomo、au、softbank など）でレンタルする

④現地でレンタルする

といった方法が考えられます。

このうち、もっともニーズが高いと思われる①と②に関しては、46〜49ページで、メリット・デメリットや注意点、使用までの流れをくわしく説明していますので、チェックしてください。

無料通話の方法も

Wi-Fi のある環境であれば、スマホを使って、LINE などのアプリの無料通話が可能です。また、パソコンを使った Zoom などのオンラインミーティングツールも、国外から連絡をするのに便利です。

現地滞在の基礎知識③郵便を出す

航空便と船便がある

国際郵便には**航空便（AIR MAIL）と船便（SEA MAIL）があり、郵便局や駅、空港の郵便窓口などで受け付けてくれます。**船便は日数がかかりますが、送料が安いので、大きな荷物を送る際にお得。ハガキや封書の航空便は、ホテルのフロントに頼めば投函してもらえます。

ハガキ・封書

●住所、宛名は日本語でOK。

●ホテルのフロントでも切手を販売している。

●「JAPAN」も赤で書く。国名がないと届かないので大きくはっきりと。

●「AIR MAIL」は赤で書く。

小　包

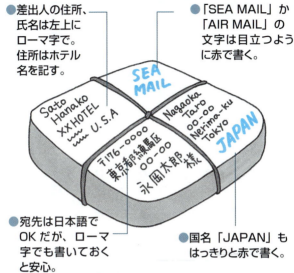

●差出人の住所、氏名は左上にローマ字で。住所はホテル名を記す。

●「SEA MAIL」か「AIR MAIL」の文字は目立つように赤で書く。

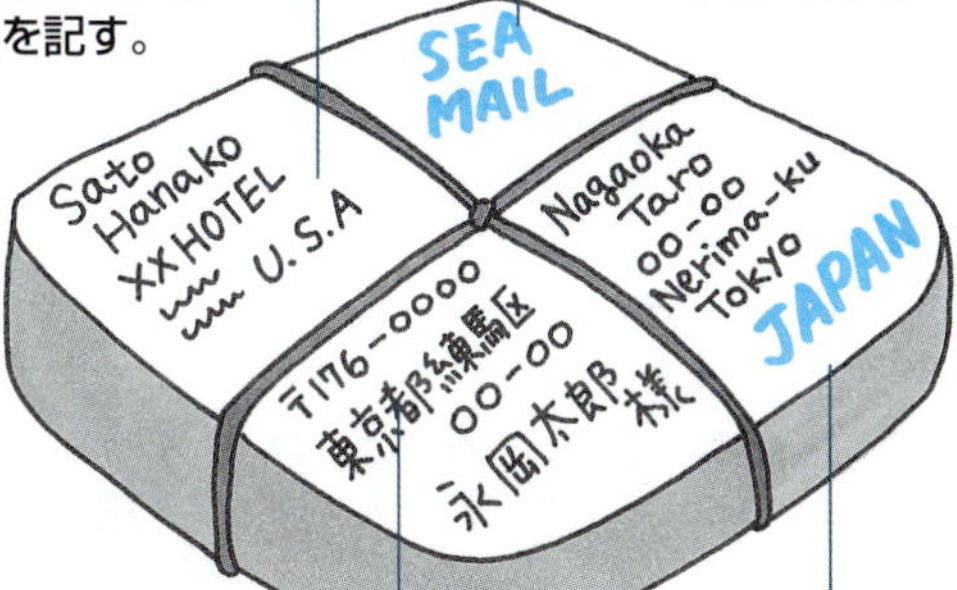

●宛先は日本語でOKだが、ローマ字でも書いておくと安心。

●国名「JAPAN」もはっきりと赤で書く。

英語で宛先を書く場合

◎〒176-8518　東京都練馬区豊玉上1丁目7-14
永岡太郎様　と書きたいときは

●宛名の前に「TO」とつける

●名前

●町名

●丁目

TO
Mr. Nagaoka Taro
7-14, Toyotamakami 1-chome
Nerima-ku, Tokyo
176-8518, JAPAN

●男性には「Mr.」をつける。独身女性には「Miss」、既婚女性には「Mrs.」、もしくは未婚既婚を問わない「Ms.」をつける

●郵便番号

●国名

●都道府県名

●市区町村名

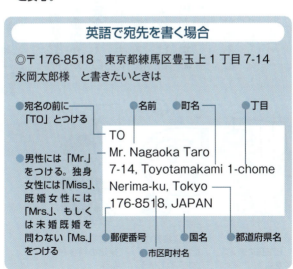

現地滞在の基礎知識④トイレ

街中ではホテルやデパートなどを利用

トイレ事情は国によってさまざま。街中でトイレに行きたくなったら、**最寄りのホテルやデパート、ショッピングセンターを利用するのが安心です。**人通りの少ない場所にある公衆トイレは、治安がよくないことが多いので、利用しないほうが賢明です。

有料トイレには小銭が必要

有料トイレは、お金がかかりますが、清潔で安全。入口に人がいたり、自動式のものなど、下記のようにタイプはいろいろ。料金やチップは日本円で50～300円が相場です。国によっては、トイレットペーパーがない場合もあるので、水に流せるティッシュを持ち歩くようにしましょう。

●入口で係員に規定の料金を払う。

●入口に設置された投入口にコインを入れて使う。

●中にいるサービス係にチップを払う。

各国のトイレ表示

国名	トイレ	男	女
アメリカ	LAVATORY、REST ROOM BATHROOM	MEN GENTLEMEN	WOMEN LADIES
イギリス	TOILET、POWDER ROOM W.C.	MEN GENTLEMEN	WOMEN LADIES
フランス	TOILETTES	MESSIEURS HOMMES	DAMES FEMMES
ドイツ	TOILETTE WC（Wasserklosett）	Herren Männer	Damen Frauen
中国	厕所、洗手间	男	女

各国のトイレ事情

フランス

街中のカプセル型公衆トイレは、コインを入れるとドアがあく有料トイレ。

イギリス

日本の洋式スタイルと同じ。公衆トイレはたいてい有料。

北米

防犯のため、ドアの上下が大きくあいているトイレが多い。

台湾

下水が詰まりやすく、使用後の紙は流さずにバケツに捨てるルールのところも。

東南アジア

しゃがむタイプが多い。ペーパーがなく、手おけで水を流す場合も。

中国

以前は囲いがなくて穴のみというトイレもあったが、最近は水洗化が進んでいる。

TABI COLUMN 3

写真撮影のマナー

好き勝手な撮影はつつしんで

思い出を残す写真撮影は、旅の楽しみのひとつ。しかし、いつでもどこでも写真を撮っていいかというと、そうではありません。撮影禁止の場所もあれば、撮られて不快に感じる人もいます。周囲を確認し、撮影してもよいか許可を得てからシャッターを押すようにしましょう。

美術館では決まりに従って

「絵画はフラッシュ禁止」「三脚禁止」など、施設によりさまざまな決まりがあるのでそれに従って。

撮影禁止の場所で撮らない

軍事的な場所や警察関係の施設、寺院の奥など、撮影が禁止されているところで写真を撮ると罰せられることも。

イスラム圏の女性の撮影はNG

イスラム圏では女性の写真を撮るのは禁止。そのほかの国でも、人を撮影するときは必ず本人に断ること。

覚えておきたいフレーズ

ここで写真を撮ってもいいですか?

May《メイ》 I《アイ》 take《テイク》 pictures《ピクチュアズ》 here《ヒア》?

あなたの写真を撮らせてください

May《メイ》 I《アイ》 take《テイク》 your《ユァ》 picture《ピクチュア》?

Chapter
4

旅のトラブル回避術

海外で起こりやすい**盗難トラブル**

いろんな手口があるので注意

旅行中、いちばん気をつけたいことが、旅行者が狙われる盗難トラブル。一瞬のすきや、気のゆるみをついてくるので、油断は禁物です。**空港や駅、ホテル、街中と、あらゆるシーンで、いろんな手口を使ってきます。**起こりうる盗難トラブルの例を紹介するので、知っておきましょう。

空港・駅

置き引き

カバンから目を離したすきに持って行かれる。床に置くときは足の間にはさむように。

列車内でのスリ

席での居眠りはNG。荷物は前側に持ち、ポケットに貴重品は入れない。夜中に1人で乗るのも避ける。

出迎えを装っての強盗

カバンのタグを見て名前を知り、呼びかけてくることも。旅行会社から聞いたスタッフ名か確認すること。

ホテル

従業員を装っての強盗

呼んでいないのに部屋を訪れてきたら、チェーン越しに応対し、不審な場合はフロントに確認を。

エレベーターでの強盗

密室になるエレベーター内で見知らぬ人と２人きりになるのは避ける。

ルームメイドによる盗難

大事なものは出しっぱなしにせず、セーフティーボックスに入れておく。

街中

グループ型スリ

アイスクリームなどを服につけて騒ぐすきに仲間が貴重品を抜き取る。気をそらされないこと。

バイクでのひったくり

カバンを道路側にさげていると後ろからひったくられる。歩道側に持つようにすること。

クレジットカードの偽造

カードを渡したら、スキミングされないようにカードから目を離さない。

ニセ警察官

私服警察官を装い、パスポートや航空券を提示させて奪うこともあるので注意すること。

ビーチ強盗

泳いでいる間、荷物を放置しておくのは厳禁。そもそも貴重品はビーチに持って行かない。

子どもの集団スリ

大勢で取り囲み、すきを狙ってカバンやポケットを探ってくる。「NO!」と声を出して追い払って。

署名・募金詐欺

社会問題や災害支援を装う署名・募金活動を装って、寄付を強要したり、物品を奪われたりする。

トラブルにあわないために

貴重品は肌身離さず

パスポートや現金などの**貴重品の盗難や紛失を防ぐには、「肌身離さず」の意識を忘れないこと。**また、もしものことを考えて、貴重品すべてをまとめてバッグなどに入れて持ち歩くのはやめ、分散させて入れる、あるいは一部をホテルのセーフティーボックスに保管しておきましょう。

強盗にあったらさからわない

万一、強盗にあってしまったら、**自分の身を守ることをいちばんに考え、へたにさからわないこと。**相手は凶器を持っているかもしれません。逆上させるような態度はくれぐれも避け、相手が去ってから速やかに警察に届け出ましょう。

ここで使える英会話

全部あげます。	**Here《ヒア》, take it《テイキット》 all《オール》.**
何をするの?	**What《ホワット》 are《アー》 you《ユー》 doing《ドゥイング》?**
やめて！	**Stop《ストップ》 it《イト》!**
構わないで。	**Leave《リーヴ》 me《ミー》 alone《アロウン》.**

トラブル予防策

派手な格好は避ける

全身ブランドもののファッションや、高価なアクセサリーは、金持ちに見られ、目をつけられやすいのでやめる。

人前でお金を出さない

両替後に道端で堂々と財布に入れると人目につくので、目立たぬよう速やかにしまう。

荷物を手離さない

レストランで食事中でも、バッグは隣の席に置いたりせず、自分の側に置く。

危険な場所に近づかない

人通りの少ない場所や夜の公園など、危険な場所は避ける。

やたらと親切な人には注意

「写真を撮りましょう」と言って、そのままカメラを持ち去る手口も。気軽に手渡さないこと。

人目につく場所に貴重品を入れない

尻ポケットやバッグの外ポケットなどに入れると、抜き取られる恐れがあるので注意。

パスポートをなくしたら

必要書類を揃えて大使館で申請

パスポートをなくしてしまった場合は、**必要書類を揃えて最寄りの日本大使館に行き、再発給の手続きを行います**。かかる日数は1~2週間。帰国が迫っている人は、発給まで1~3日で、帰国のみ可能な「帰国のための渡航書」の手続きを。

必要書類

パスポート再発給の場合

- 現地警察発行の盗難紛失証明書
- 大使館にある一般旅券再発給申請書 1 通
- パスポート用の写真２枚
- なくしたパスポートの番号、発給年月日、交付地
- 手数料

「帰国のための渡航書」の場合

- 現地警察発行の盗難紛失証明書
- 大使館にある渡航書発給申請書
- 日本国籍が確認できる書類（運転免許証、戸籍謄本など）
- 旅行日程が確認できる書類（航空券など）
- パスポート用の写真2枚
- 手数料

盗難なら保険でカバー

あらかじめ入っていた海外旅行保険の携行品保険のなかに、パスポートの盗難が含まれている場合には、**再発給のためにかかった延泊費用や交通費、再発給の手数料などが補償されます（紛失は対象外）**。現地で領収書をもらい、帰国後に精算という流れが一般的です。

パスポートを紛失したときの対処

① 警察で盗難紛失証明書をもらう

最寄りの警察へ、盗難紛失証明書をもらいに行く。パックツアーなら、添乗員に同行してもらうと安心。

盗難紛失証明書の発行手順

①警察に行く
②状況を説明する（186ページ参照）
③その場で証明書発行（無料）

② 日本大使館へ出向いて申請する

右ページにあげた必要書類を揃え、日本大使館へ行って申請する。

あらかじめパスポート等のコピーを用意すると安心

パスポートの再発給は、日本に連絡してパスポート番号を確認したり、身分証明のために添乗員や同行者に立証してもらわなければならないなど、かなり面倒なことになります。**あらかじめパスポートや戸籍謄本、免許証のコピーを用意しておくと安心です。**

航空券をなくしたら

航空会社へ交渉する

航空券は、パックツアーなら添乗員や現地係員が滞在中預かってくれ、帰国時に戻してくれることが多いので、盗難や紛失にあうことはまれと言えるでしょう。しかし、不運にもそのトラブルにあったときは、**まず航空会社へ連絡を。再発行が可能かどうか交渉してみます。**

再発行が無理なら再購入

航空会社に直接予約した場合は、再発行の可能性がありますが、**格安航空券や団体割引航空券だと、再発行は難しい**と言えるでしょう。そうなると、航空券を買い直すしかありません。ただし、紛失した航空券が不正使用されなければ、あとで払い戻されることもあります。

航空券を紛失したら

1 警察で盗難紛失証明書をもらう

最寄りの警察に行き、盗難紛失証明書を発行してもらう（145 ページ、186 ページ参照）。

2 航空会社に出向いて交渉する

盗難紛失証明書を持って航空会社へ出向き、航空券の番号、運賃、発行日を伝え、再発行できるか交渉する。

航空券が再発行されない

再発行が無理となったら、新たに航空券を購入する。

航空券が再発行される

うまくいけばその場で代替航空券が発行されるが、このようなケースは少ないのが現状。

ここで使える英会話

航空券を再発行してもらえますか?

Can《キャン》 you《ユー》 reissue《リイシュー》 my《マイ》 air《エア》 ticket《ティケット》?

クレジットカードや現金をなくしたら

クレジットカードの紛失は即カード会社へ連絡

海外でクレジットカードをなくしたら、**すぐにカード会社へ連絡し、失効の手続きをします**。ほとんどのカード会社に、24時間日本語対応の連絡先（現地または日本）があるので、旅行前に電話番号を調べておき、カード番号と一緒に控えておくと安心です。

現地で再発行してもらえることも

カード会社によっては、渡航中のみ利用可能な期間限定（約1～2か月など）のカードを、現地で再発行してもらえたり、現地の通貨でお金を準備してもらえたりすることもあります。旅行期間が長く、他に利用できるカードがないなどの状況であれば、そのような手段を相談しましょう。

このような事態に備えて、数枚のカードを分散して持つ対策も必要です。

手持ちの現金がすべて無くなったら

クレジットカードと一緒に、手持ちの現金などを、パスポートや航空券と一緒にすべて失ったときは、いくつか講じる手立てがあります。

まず、国際送金システムを利用して、家族や知人に送金を依頼する方法があります。

旅行保険の緊急支援サービスも検討してみましょう。緊急で現金を立て替えてくれたり、送金サポートをしてくれたりすることもあります。

その日の宿もないような状況のときは、日本大使館・領事館や現地の支援団体に相談することで、一時的な生活支援をしてくれることも。最終手段として、日本大使館・領事館の一時帰国費用貸与制度を利用する方法もあります。

たびレジに登録しよう

海外に渡航する前に、外務省が提供する「たびレジ」に登録しましょう。メールやLINEの登録で、特定の国の最新情報が手に入ります。
HP https://www.ezairyu.mofa.go.jp/tabireg/index.html

その他のアクシデント

火災・地震

あわてず冷静に対処を

建物内で火災が起きたら、濡れタオルなどを口に当て、姿勢を低くして係員に従って避難を。地震なら、落下物を避けるため、テーブルの下などに潜り込みます。どちらの場合も、**あわてず冷静に対処することが大切**です。

クーデター

ホテルで待機

万一クーデターが起こったら、滞在しているホテルの部屋で待機を。**日本大使館や領事館、国際機関に連絡のうえ、対応を待ちます。**むやみに外を歩き回ったり、ホテルの中で騒いだりすることは避けましょう。

※外務省海外安全相談センター（03-3580-3311）で事前に現地の治安情報を入手しておくと安心。

交通事故

すぐに警察を呼ぶこと

自分が加害者、被害者どちらの場合でも、**まずはすぐに警察を呼び、負傷者がいれば救急車も呼びます。**むやみに謝ったりすると、全責任を負わされる恐れも。相手の言い分に従うのではなく、警察の到着を待ちましょう。**もしもののときのために、現地での緊急連絡先の番号はメモして持っていると安心です。レンタカーに乗っていた場合は、レンタカー会社にも連絡します。海外旅行保険に加入している場合は保険会社にも届け出を。**

ここで使える英会話

警察（救急車／医者）を呼んでください。

Please《プリーズ》 call《コール》 the《ザ》 police《ポリス》 (an《アン》 ambulance《アンビュランス》/a《ア》 doctor《ダクタァ》).

交通事故を起こしました。

I《アイ》 have《ハヴ》 had《ハド》 a《ア》 car《カー》 accident《アクスィデント》.

クルマにはねられました。

I《アイ》 was《ウォズ》 hit《ヒット》 by《バイ》 a《ア》 car《カー》.

医師の手配とかかり方

医師にかかるときの流れ

1 添乗員やホテルに相談

パックツアーなら添乗員か現地係員、個人旅行ならホテルのコンシェルジュなどに事情を説明する。

2 診察を受ける

病院を紹介してもらい、診察を受ける（188 ~ 190 ページを参照）。言葉がわかる人に同行してもらうと安心。

3 薬と診断書をもらう

医師に書いてもらった処方せんを薬局に持って行き、薬をもらう。海外旅行保険に加入している場合は、診断書や領収書が必要となるので、必ずもらって保管しておくこと。

救急車は有料なので注意

街中で突然具合が悪くなった際、頼りになるのが救急車。しかし、**海外では有料、しかも高額な国が多いのです**。もちろん、保険でカバーはされますが、アメリカなどでは緊急ではないのに救急車を呼ぶと罰金をとられることもあるので注意してください。

ここで使える英会話

具合が悪いです。

I《アイ》 feel《フィール》 sick《スイック》.

動けないです。

I《アイ》 can't《キャント》 move《ムーヴ》 by《バイ》 myself《マイセルフ》.

医師（救急車）を呼んでください。

Please《プリーズ》 call《コール》 a《ア》 doctor《ダクタァ》 (an《アン》 ambulance《アンビュランス》).

近くに病院はありますか?

Is《イズ》 there《ゼァ》 a《ア》 hospital《ハスピタル》 around《アラウンド》 here《ヒァ》?

この処方せんの薬をください。

Fill《フィル》 this《ディス》 prescription《プリスクリプション》, please《プリーズ》.

保険金を請求するには

TABI COLUMN 旅 4

海外旅行保険に加入していれば、盗難や病気などのトラブルにあった際、保険会社に保険金を請求できます。そのためには、請求に必要な書類を現地で揃えておきましょう。また、トラブル発生後30日以内に申請しないと無効になることが多いので、早めの手続きを。

保険金請求に必要な書類

携行品損害の場合

- 保険加入証明書もしくは加入証明カード
- 保険金請求書
- 警察または第三者の事故証明書
- 損傷物の修理見積もり書
- 損害明細書および写真
- 損害品の領収書または保証書

病気等で治療を受けた場合

- 保険加入証明書もしくは加入証明カード
- 保険金請求書
- 医師による診断書、治療費の明細書および領収書
- 入院のために必要となった国際電話料金など通信費の明細書
- 身の回り品の購入費など治療に関する出費の領収書

後遺障害の場合

- 保険加入証明書もしくは加入証明カード
- 保険金請求書
- 日本の医師の発行した後遺障害診断書
- 警察または第三者の事故証明書

交通事故の場合

[対物]

- 保険加入証明書もしくは加入証明カード
- 保険金請求書
- 事故証明書
- 修理費の証明書
- 示談書

[対人]

- 保険加入証明書もしくは加入証明カード
- 保険金請求書
- 事故証明書
- 医師の診断書
- 治療費の明細書
- 示談書

Chapter

5

帰国する

帰国の準備

荷造りは前日までに

荷造りは帰国前日までにすませておけば、当日にあわてることがありません。ショッピングなどで荷物が増えてしまい、重量オーバーが心配なら、別送品扱いにして日本に送っても（115ページ参照）。この場合、帰国時に税関申告書を2枚提出する必要があります（164ページ参照）。

Point 荷造りのポイント

●こわれものは手荷物に

土産品など破損が心配なものはスーツケースに入れず、手荷物として機内に持ち込む。

●不要なものは処分

各航空会社・各路線は機内持ち込みの重量制限・個数制限を設けている。オーバーすると超過料金をとられる。

●貴重品は必ず手元に

パスポートや航空券、財布などの貴重品はスーツケースなどに入れず、必ず手元に持っていること。

●最後に忘れ物チェック

全部荷造りを終えたつもりでも、スーツケースにカギをかける前に、忘れ物がないか最後に部屋のチェックを。

ジャムやキムチも液体物

お土産のジャムやはちみつ、韓国で買ったキムチなどを、機内持ち込みの手荷物で持ち帰ろうとしている人は注意。「液体」とみなされて機内に持ち込めず、セキュリティチェック時に没収される可能性があるので事前確認を（航空会社や路線によって異なります）。ただし、出国審査後に購入したものは持ち込み可能です。

帰国便が早朝なら前日チェックアウトを

帰国日の早朝にホテルを出なければならないときは、**前日の夜にチェックアウトをすませておくと、当日の朝バタバタすることがありません。**精算を終えたあとは、ミニバーなど料金が発生するものの利用は避けましょう。

空港までの交通手段や残金の確認も

帰国前日には、**空港までの交通手段や所要時間を確認し、飛行機の出発2時間前には空港に到着できるようにしましょう。**パックツアーで送迎があるならば、集合時間を指定されるので遅れないように。また、ホテルの精算やチップ、交通費など、飛行機に乗るまでにかかるお金を計算し、**残金が足りるかどうかも確かめておきましょう。**

帰国便の確認

リコンファームが必要な場合は忘れずに

飛行機の予約を再確認することをリコンファームと言います。通常、出発時間の48～72時間前までにすませることになっていて、その方法は下記の通りです。最近ではリコンファームの必要がない航空会社がほとんどですが、念のため日本を出発する際に確認しておきましょう。

リコンファームの方法

●入国時に空港ですませる

入国手続きが終わってから、そのまま空港にある帰国便の航空会社のカウンターへ行ってすませておけば安心。

●電話か航空会社のオフィスで手続き

航空会社に電話をして、出発日、便名、氏名を伝える。直接オフィスで航空券を見せるのでもOK。

●パックツアーなら添乗員が代行

パックツアーの場合は、たいてい添乗員か現地係員が代行してくれる。

飛行機に乗れないときは

（添乗員なしフリーツアー、個人旅行時など）

天候不順などで飛ばないときは

予定していた便が飛ばないときは、航空会社や旅行会社に連絡を。振り替えや路線変更などで対応してくれる。

乗り遅れそうになったら

ただちに航空会社に連絡を入れる。ほかの便に空席があれば振り替えてくれるが、格安航空券の場合は買い直さなければならないことが多い。

オーバーブッキングで席がないときは

航空会社のほうで定員より多く予約を受けてしまったので、別ランクやほかの便に振り替えてもらえる。

ここで使える英会話

旅行者：フライトの予約の再確認をお願いします。

I'd《アイド》 like《ライク》 to《トゥ》 reconfirm《リカンファーム》 my《マイ》 flight《フライト》.

係員：お客様のお名前と便名、出発日をどうぞ。

Your《ユァ》 name《ネイム》,flight《フライト》 number《ナンバー》 and《アンド》 the《ザ》 date《デイト》, please《プリーズ》.

旅行者：名前は佐藤アヤ、17日のUA801便、東京行きです。

My《マイ》 name《ネイム》 is《イズ》 Sato《サトウ》 Aya《アヤ》, and《アンド》 my《マイ》 flight《フライト》 number《ナンバー》 is《イズ》 UA《ユーエイ》 801《エイトオーワン》 to《トゥ》 Tokyo《トウキョウ》 on《オン》 the《ザ》 17th《セヴンティーンス》.

今日これから間に合う便を探してください。

A《ア》 flight《フライト》 today《トゥデイ》, please《プリーズ》.

ほかの会社の便を探してください。

Please《プリーズ》 check《チェック》 other《アザー》 airlines《エァラインズ》.

フライトを変更（取り消し）したいのですが。

I'd《アイド》 like《ライク》 to《トゥ》 change《チェインジ》(cancel《キャンセル》) my《マイ》 flight《フライト》.

出国の手続き

空港税の必要な国もある

出国時、**国によっては空港税が必要なところもあります。**空港税は、航空券に加算されていて、支払い済みのケースがほとんどですが、なかには窓口や空港内の銀行での支払いを指定されることも。個人旅行の場合は、**事前に料金や支払い場所を確認しておきましょう。**

免税品の受け取りがある人は忘れずに

街中で買った免税品を帰国の際、空港で受け取ることになっている場合は、指定場所で、購入時にもらった引換証を見せて受け取ります。うっかり忘れることのないようにしましょう。商品を受け取ったら、間違っていないかどうか、必ず中身を確認します。

出国の流れ

1 空港到着

飛行機の出発 2 時間前には空港に到着していること。早めにチェックインをすませれば、搭乗まで空港内の施設をゆっくり利用できる。

2 チェックイン（搭乗手続き）

航空会社のカウンターへ行き、パスポートと航空券を提示する。スーツケースなどの荷物を預け、搭乗券と荷物の預かり証をもらう。

3 手荷物検査

ボディチェック、X 線探知機による手荷物検査が行われる。高感度の写真フィルムは、X 線をガードするフィルムケースに入れておくと安心。

4 税関

入国に比べればかなり簡単な審査で、ほとんどチェックされない。免税手続きのある人は、ここで忘れずにしておく（119 ページ参照）。

5 出国審査

係官もしくは自動化ゲートに、パスポート、出国カード、搭乗券を提示する。スタンプが欲しい人は、職員に伝える。出国カードは入国審査の際に渡されている場合が多い。

▼

搭乗ゲートへ

搭乗する

搭乗ゲートの確認を

出国審査を終えたら、掲示板などで搭乗ゲートおよび搭乗時間の確認を。**空港によっては、搭乗ゲートまで距離があり、シャトルバスやモノレールなどを使う場合もあります。**思いのほか時間がかかり、搭乗時刻に間に合わない、といったことのないよう、余裕をもって移動したいものです。

残った小銭は空港で使いきるのも手

余った現地通貨は、空港の銀行で両替できますが、紙幣のみが可能です（小銭は174ページ参照）。**売店やカフェなどで使いきるようにするといいでしょう。**セキュリティーチェック後なら、ドリンクもOK。

搭乗まで時間があったら

搭乗口近くの
ロビーで待つ

免税店での買い物

カフェなどを
利用しての飲食

搭乗アナウンスがあったら搭乗口へ

▼

搭乗開始のアナウンスがあったら搭乗口へ向かい、搭乗券を見せて機内へ。ただし、便によっては搭乗アナウンスがない場合もあるので注意。

帰国便ではゆったり過ごすよう心がける

旅の疲れは、気づかぬうちに結構たまっています。**帰りの飛行機の中では、十分リラックスして過ごすよう心がけましょう。**時差が大きい場合は、日本時間に合わせて睡眠をとっておくとラクです。

帰国便内で入国準備をする

時計や服装の調整を

日本への到着が近くなったら、**時計を日本時間に戻しておきましょう。季節の違う国を訪れた人は、服装も日本の気候に合わせたものに着替えておくと体調を崩しにくくなります。**座席で着替えるとほかの人の迷惑になるので、化粧室で着替えますが、使用時間は手短に。

機内で配られる税関申告書に記入する

免税範囲を超えた人や別送品のある人のみならず**日本に入国する人全員が、機内で配られる税関申告書（携帯品・別送品申告書）に記入して税関に提出する必要があります。**また、渡航先により、帰国便で検疫の質問票が配られることもあるので、その場合も記入し、到着後、検疫に提出します。

税関申告書の記入例

（裏）

(B面)

※入国時に携帯して持ち込むものについて、下記の表に記入してください。（A面の1．及び3．ですべて「いいえ」を選択した方は記入する必要はありません。）

（注）「その他の品名」欄は、申告を行う入国者本人（同伴家族を含む）の個人的使用に供する購入品等に限り、1品目毎の海外市価の合計額が1万円以下のものは記入不要です。また、別送品も記入不要です。

				•税関記入欄
酒類		2	本	
たばこ	紙巻	200	本	
	加熱式		箱	
	葉巻		本	
	その他		グラム	
香水		1	オンス	

その他の品名	数量	価格
衣類	2	25000
バッグ	1	30000
腕時計	1	55000

•税関記入欄 円

1．日本への持込みが禁止されている主なもの

① 麻薬、向精神薬、大麻、あへん、覚醒剤、MDMA、指定薬物など
② 拳銃等の銃砲、これらの銃砲弾や拳銃部品
③ 爆発物、火薬類、化学兵器原材料、炭疽菌等の病原体など
④ 貨幣・紙幣・有価証券・クレジットカードなどの偽造品など
⑤ わいせつ雑誌、わいせつDVD、児童ポルノなど
⑥ 偽ブランド品、海賊版などの知的財産侵害物品

2．日本への持込みが制限されている主なもの

① 猟銃、空気銃及び日本刀などの刀剣類
② ワシントン条約により輸入が制限されている動植物及びその製品（ワニ・ヘビ・リクガメ・象牙・じゃ香・サボテンなど）
③ 事前に検疫確認が必要な生きた動植物、肉製品（ソーセージ・ジャーキー類を含む。）、野菜、果物、米など
＊ 事前に動物・植物検疫カウンターでの確認が必要です。

3．免税範囲（一人あたり。乗組員を除く。）

・酒類3本（760mlを1本と換算する。）
・紙巻たばこ200本（外国製、日本製の区分なし。）
＊ 20歳未満の方は酒類とたばこの免税範囲はありません。
・海外市価の合計額が20万円の範囲に納まる品物（入国者の個人的使用に供するものに限る。）
＊ 海外市価とは、外国における通常の小売価格（購入価格）です。
＊ 1個で20万円を超える品物の場合は、その全額に課税されます。
＊ 6歳未満のお子様は、おもちゃなど子供本人が使用するもの以外は免税になりません。

携帯品・別送品申告書の記載に御協力頂きありがとうございました。日本に入国（帰国）されるすべての方は、法令に基づき、この申告書を税関に提出していただく必要があります。引き続き税関検査への御協力をよろしくお願いします。

（表）

(A面)

日本国税関
税関様式C第5360号

携帯品・別送品申告書

下記及び裏面の事項について記入し、税関職員へ提出してください。
家族が同時に検査を受ける場合は、代表者が1枚提出してください。

搭乗機（船）名	JL062	出発地	ロサンゼルス
入国日	2025年06月20日		
氏名	フリガナ ナガオカ タロウ 永岡 太郎		
現住所（日本での滞在先）	東京都練馬区豊玉上 OO-△△		
	電話 03(3992)OOXX		
職業	会社員		
生年月日	1972年06月12日		
旅券番号《パスポート番号》	MR1234567		
同伴家族	20歳以上 1名	6歳以上20歳未満 名	6歳未満 名

※ 以下の質問について、該当する□に"✓"でチェックしてください。

1．下記に掲げるものを持っていますか？

	はい	いいえ
① 麻薬、銃砲、爆発物等の日本への持込みが禁止されているもの（B面1．を参照）	□	☑
② 肉製品、野菜、果物、動植物等の日本への持込みが制限されているもの（B面2．を参照）	□	☑
③ 金地金又は金製品	□	☑
④ 免税範囲（B面3．を参照）を超える購入品・お土産品・贈答品など	□	☑
⑤ 商業貨物・商品サンプル	□	☑
⑥ 他人から預かったもの（スーツケースなど運搬用具や理由を明らかにされず渡されたものを含む）	□	☑

＊上記のいずれかで「はい」を選択した方は、B面に入国時に携帯して持ち込むものを記入してください。

2．100万円相当額を超える現金、有価証券又は1kgを超える貴金属などを持っていますか？ はい □ いいえ ☑

＊「はい」を選択した方は、別途「支払手段等の携帯輸出・輸入申告書」を提出してください。

3．別送品 入国の際に携帯せず、郵送などの方法により別に送った荷物（引越荷物を含む。）がありますか？

□ はい（　　　個）☑ いいえ

＊「はい」を選択した方は、入国時に携帯して持ち込むものをB面に記入したこの申告書を2部、税関に提出して、税関の確認を受けてください。（入国後6か月以内に輸入するものに限る。）確認を受けた申告書は、別送品を通関する際に必要となります。

《注意事項》

海外又は日本出国時及び到着時に免税店で購入したもの、預かってきたものなど日本に持ち込む携帯品・別送品については、法令に基づき、税関に申告し、必要な検査を受ける必要があります。申告漏れ、偽りの申告などの不正な行為がある場合は、処罰されることがあります。

この申告書に記載したとおりである旨申告します。

署名 永岡太郎

●「価格」の欄は現地での購入金額を日本円に換算して書く。

●別送品がある場合は、同じものを2枚作成。1枚は税関で確認印をもらい、別送品が届くまで保管する。

●家族同伴の場合は代表者1人が記入し、同伴家族数を書き込んでおく。免税枠は人数分となるが、未成年者分の酒、タバコの免税はない。

●免税範囲を超えた場合は、持ち込むすべての数量を記入する。

免税範囲と簡易税率

免税範囲を超えると課税

免税品の購入には、1人あたりの免税範囲が左ページのように決められています。免税範囲を超えたものに関しては、税関申告書（165ページ参照）に記入して税関に提出。すると、下記の簡易税率（関税と消費税を合わせたもの）にそって計算した支払い用紙をくれるので、窓口で支払います。

免税範囲を超えた場合の簡易税率

品目	税率
●酒類	
ウイスキー及びブランデー 免税範囲を超え、課税される場合 （例）ブランデー1本（760mℓ） 800円／ℓ× 0.76ℓ＝608円	800円／ℓ
ラム、ジン及びウォッカ	500円／ℓ
リキュール	400円／ℓ
蒸留酒（焼酎等）	300円／ℓ
その他のもの（ワイン、ビール等）	200円／ℓ
●その他の品物 （一般の関税率が適用されるものは除く）	15%
●関税のかからない品物 （腕時計、ゴルフクラブ、パソコン、書画、彫刻など）	10% （軽減税率が適用される品物は8%）
●紙巻きタバコ	1本につき 15円

※簡易税率とは、関税と消費税を合わせた税率。関税のかからない品物（腕時計、パソコンなど）には消費税のみがかかる。なお、1点の課税価格が10万円を超えるものは、簡易税率ではなく一般の関税、消費税等の税率が適用される。

1人あたりの免税範囲

品名	量・価格	備考
酒類	**3本**	760mℓ程度のものを1本として計算する
タバコ	紙巻きタバコ**200本** 葉巻きタバコ**50本** その他のタバコ**250g**	2種類以上のタバコを持ち込む場合は、総重量250g以内までが免税
香水	**2オンス**	約56mℓ
その他の品物	1品目ごとの海外市価の合計金額が1万円以下のもの **全量**	たとえば、1本5000円のネクタイを2本購入した場合は免税
	上記以外のもの **20万円**	上記の品物を除き、海外市価の合計が20万円以内なら免税。合計額が20万円を超えた場合、超えた額だけに対して課税される。ただし、1点で20万円を超えていたら、全額に課税

- 海外市価とは、外国での小売購入価格のこと。円貨換算は帰国日の公示レートで計算される。
- 申告もれがあると、物品を没収されたり罰金をとられることも。免税範囲ぎりぎりの場合も、念のため申告を。
- たとえ土産用としても、未成年者には酒類、タバコの免税はない。

日本への**持ち込み規制**

日本へ持ち込めないもの

海外では簡単に手に入っても、**日本へは持ち込みが禁止されているもの、規定の手続きを通さなければ持ち込めないものがあります。**持ち込み禁止品は下記にあげたものなどで、これらを持っていると、その場で即没収となります。動植物については、持ち込み禁止のもの、制限を受ければ可能なもの、証明書が必要なものなどがありますが、空港の免税店で販売されているものは、たいてい検査証明書付きなので問題はありません。

持ち込み禁止品例

- アヘン、コカイン、大麻などの麻薬類
- 偽造通貨または証券など
- 偽ブランド品など知的財産権を侵すもの
- わいせつ雑誌またはDVDなど
- 家畜伝染病予防法および植物防疫法で定めるものとその製品など

※詳しくは、経済産業省貿易経済協力局貿易管理部貿易審査課（03-3501-1659）にお問い合わせを。

持ち込みが規制されているもの・手続きが必要なもの

●ワシントン条約により持ち込みが規制されているおもな動植物とその製品

生きている動植物

サル、オウム、インコ類、ワシ、タカ、ワニ、リクガメ、カメレオン、トカゲ、ヘビ、アジアアロワナ、ラン、サボテン、ソテツ、アロエ、シクラメン、ヘゴなど

加工品製品

●漢方薬
ジャコウ鹿エキス、トラの骨、クマの胆、サイの角、木香を含有する薬など

●毛皮・敷物
トラ、ヒョウ等のネコ科の動物、オオカミ、クマ、シマウマ（一部）など

●ハンドバッグ・ベルト・財布などの皮革製品
ワニ、ウミガメ、ヘビ、トカゲ、ダチョウ（一部）、ゾウなど

●象牙とその製品
印鑑、アクセサリー、彫刻品

●はく製
ワシ、タカ、ワニ、ゴクラクチョウ、カメ、ヘビ、センザンコウなど

●その他
胡弓（ニシキヘビの皮を使った楽器）、キャビア、チョウの標本、ダチョウの卵、クジャクの羽、シャコガイの製品、サンゴの製品（一部）、アロエを使った製品など

●動植物検疫が必要なもの

切り花、サボテン、ソテツ、ドライフラワー、球根などの植物、ソーセージ、ハム、ベーコン、野菜、果物等の食べ物など（172ページ参照）

●公安委員会の所持許可など所定の手続きが必要なもの

銃砲刀剣類

●数量の規制があるもの

外用薬と化粧品（1品目24個以内）、内服薬（2か月分以内）、処方せん薬（1か月分以内）

※持ち込みに関する詳しいお問い合わせは、最寄りの検疫所まで。

日本への入国手続きの流れ

1 到着ゲートへ向かう

飛行機を降りたら、到着ゲートへ向かう。

2 機内で質問票を配られていた場合は検疫官に提出

東南アジアやアフリカ方面など、渡航先によっては機内で健康に関する質問票が配られることも。記入したものを検疫官に渡す。配られていなければそのまま通過。

3 入国審査を受ける

「日本人」または「居住者」の表示のあるカウンターに並び、順番が回ってきたら顔認証ゲートでIC旅券の顔の画像と撮影した顔の画像を照合し、自動化ゲートでパスポートと指紋を照合する。スタンプが欲しい人は、係官に声をかけ押してもらう。

④ 荷物の受け取り

自分が乗った航空便が表示されているターンテーブルに行き、自分の荷物が回ってきたら取る。荷物が出てこない場合は、航空会社の係員に預かり証を見せて確認してもらう。

⑤ 必要な人は動植物検疫を受ける

海外の動植物およびその製品を持ち帰った人は、動植物検疫所に行って検疫を受ける（172 ページ参照）。なにもない人は立ち寄る必要なし。

⑥ 税関検査台へ進む

税関の表示があるカウンターへ進む。別送品の有無や、購入品が免税範囲内かそうでないかで、カウンターが違うので注意（173 ページ参照）。

⑦ 到着ロビーへ

税関を通過したら到着ロビーへ。パックツアーなら、ここで解散となる。

⑧ 帰路につく

各交通機関で帰路につく。荷物が多ければ、到着ロビー近くに宅配便カウンターがあるので利用すると便利。

動植物検疫について

動植物や肉製品は検疫を

種子、球根、切り花などの植物、肉類、はく製類などの動物製品、犬、猫などの動物といったものを海外から持ち帰った人は、**それぞれ動植物検疫所において検疫を受けなければなりません。**もし検疫を受けて不合格になっても、消毒可能なものは消毒などの処理をしたうえで、持ち込める場合もあります。

動植物検疫が必要なもの

- 種子・球根
- 苗・苗木（穂木を含む）
- 切り花・切り枝
- 果実
- 野菜
- 穀類・豆類
- スパイスなどの香辛料
- 薬用植物
- ドライフラワー
- 木材
- 植物を材料とした民芸品
- 動物
- はく製などの動物製品
- ソーセージやビーフジャーキーなどの肉製品

※ソーセージなど海外の肉製品は、家畜の病気の発生状況で持ち込みできる国とできない国がある。また、持ち込み可能な国であっても、日本向けの検査証明書がついていることが必要。
※肉製品以外でも、骨、卵、脂肪、血液、皮、毛、羽、角、ひづめやこれらの加工品も検疫の対象になる。

税関について

免税申告のあるなしでカウンターが違うので注意

税関では、**お土産などの購入品が免税範囲内**（167ページ参照）**なら緑のランプがついたカウンター**へ行き、申告書を提出して簡単な質問や荷物検査を受けます。**免税範囲を超えていたり、別送品がある場合は赤いランプがついたカウンターへ。**申告書を提出し、納税手続きなどを行います。

免税範囲内の人 ▶ 緑のランプのついたカウンターへ ▶

申告書を提出し、簡単なチェックを受ける

免税範囲を超えている人 ▶ 赤いランプのついたカウンターへ ▶

税額を計算してもらう ▶

窓口で支払う

別送品がある人 ▶ 赤いランプのついたカウンターへ ▶

申告書（2枚）を提出。電子申請もできる。

日本に到着してできることあれこれ

TABI COLUMN 5

帰路につく前に空港でしておくと便利なことをいくつか紹介します。

残った外貨の両替

残ってしまって使い道のない外貨は、空港にある両替所で日本円に戻しましょう。余った海外の硬貨は、電子マネーに変換する両替機を利用したり、募金にしたりする方法があります。

硬貨を電子マネーに換える「ポケットチェンジ」

荷物を宅配便で送る

お土産などの荷物が増え、持ち帰るのが大変なら、到着ロビー近くにある宅配便カウンターから送ることができます。

レンタルスマホや Wi-Fi の返却

海外用スマホや Wi-Fi のレンタル会社の多くは、空港にもカウンターを構えていて、返却を受け付けています。あとで自宅から送り返すよりラクです。

付加価値税の払い戻し

成田空港や関西国際空港には、ヨーロッパ諸国などの税関で確認を受けた免税書類（119 ページ参照）を提出すると、払い戻しを行ってくれるカウンターがあります。現地で慣れない言葉でやり取りするよりスムーズですし、条件によりますが、その場で日本円で受け取ることもできるので、大変便利です。

Chapter
6

お役立ち
リスト

日本との時差

ホノルル タヒチ	サンフランシスコ ロサンゼルス	ニューヨーク マイアミ	ロンドン	パリ	カイロ	バンコク	香港 シンガポール	日本	グアム シドニー
−19	−17	−14	−9	−8	−7	−2	−1	±0	+1
5	7	10	15	16	17	22	23	0	1
6	8	11	16	17	18	23	0	1	2
7	9	12	17	18	19	0	1	2	3
8	10	13	18	19	20	1	2	3	4
9	11	14	19	20	21	2	3	4	5
10	12	15	20	21	22	3	4	5	6
11	13	16	21	22	23	4	5	6	7
12	14	17	22	23	0	5	6	7	8
13	15	18	23	0	1	6	7	8	9
14	16	19	0	1	2	7	8	9	10
15	17	20	1	2	3	8	9	10	11
16	18	21	2	3	4	9	10	11	12
17	19	22	3	4	5	10	11	12	13
18	20	23	4	5	6	11	12	13	14
19	21	0	5	6	7	12	13	14	15
20	22	1	6	7	8	13	14	15	16
21	23	2	7	8	9	14	15	16	17
22	0	3	8	9	10	15	16	17	18
23	1	4	9	10	11	16	17	18	19
0	2	5	10	11	12	17	18	19	20
1	3	6	11	12	13	18	19	20	21
2	4	7	12	13	14	19	20	21	22
3	5	8	13	14	15	20	21	22	23
4	6	9	14	15	16	21	22	23	0

度量衡換算表

長さ

メートル	インチ	フィート	ヤード	マイル
1	39.37007	3.280834	1.09361	0.000621
0.0254	1	0.0833333	0.0277777	0.0000158
0.3048	12.0	1	0.3333333	0.000189
0.914399	36.0	3.0	1	0.000568
1609.34	63359.9	5280.0	1760.0	1

重さ

グラム	カラット	オンス	ポンド
1	5.0	0.035273	0.002205
0.20	1	0.0070555	0.000441
28.35	141.75	1	0.0625
453.6	2268	16.0	1

広さ

平方メートル	平方ヤード	アール	エーカー
1	1.19599	0.01	0.000247
0.836127	1	0.0083613	0.000206
100.0	119.599	1	0.024710
4046.9	4840.1	40.469	1

温度

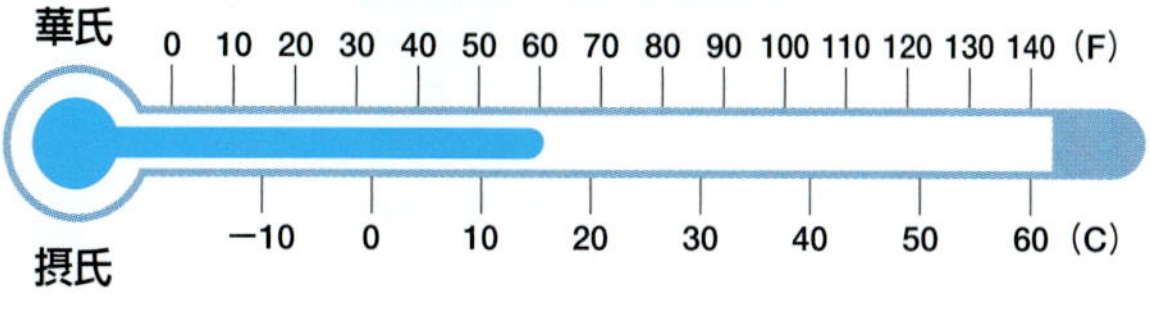

空港で役立つ英会話

入国審査（91ページも参照）

係官：どちらに滞在しますか?

Where《ホウェア》 are《アー》 you《ユー》 going《ゴゥイング》 to《トゥ》 stay《ステイ》?

旅行者：ワイキキのハイアットホテルです。

At《アット》 the《ザ》 Hyatt《ハイアット》 Hotel《ホゥテル》 in《イン》 Waikiki《ワイキキ》.

荷物受け取り（93ページも参照）

手荷物受け取り場はどこですか?

Where《ホウェア》 is《イズ》 the《ザ》 baggage《バギッジ》 claim《クレイム》 area《エァリァ》?

スーツケースがこわれています。

My《マイ》 suitcase《スートケイス》 is《イズ》 badly《バッドリィ》 damaged《ダミジド》.

両替

両替所はどこですか?

Where《ホウェア》 can I《キャナイ》 change《チェインジ》 money《マニィ》?

これをドルに両替してください。

Please《プリーズ》 change《チェインジ》 this《ディス》 into《イントゥ》 dollars《ダラーズ》.

小銭もまぜてください。

I'd《アイド》 like《ライク》 some《サム》 small《スモール》 change《チェインジ》.

計算が間違っているようです。

I《アイ》 think《スィンク》 this《ディス》 calculation《カルキュレイション》 is《イズ》 wrong《ロング》.

搭乗

搭乗は何時からですか?

What《ホワット》 time《タイム》 does《ダズ》 the《ザ》 boarding《ボーディング》 begin《ビギン》?

搭乗ゲートは何番ですか?

What's《ホワッツ》 the《ザ》 gate《ゲイト》 number《ナンバー》?

よく使う英単語

departure《ディパーチャー》 time《タイム》
出発時間

airline《エァライン》 ticket《ティケット》
航空券

arrival《アライヴァル》 time《タイム》
到着時間

boarding《ボーディング》 pass《パス》
搭乗券

on《オン》 time《タイム》
定刻

carry-on《キャリオン》 baggage《バギッジ》
機内持ち込み手荷物

delayed《ディレイド》
遅延

baggage《バギッジ》 claim《クレイム》 tags《タグズ》
手荷物引換証

transfer《トランスファー》
乗り継ぎ

international《インターナショナル》 terminal《ターミナル》
国際線ターミナル

reconfirm《リカンファーム》
予約の再確認

customs《カスタムズ》 declaration《ディクラレイション》
税関申告書

機内で役立つ英会話

飲み物などを頼む

乗務員：なにかお飲み物はいかがですか?

Would you《ウッチュー》 like《ライク》 something《サムスィング》 to《トゥ》 drink《ドリンク》?

旅行者：オレンジジュースをください。

Some《サム》 orange juice《オレンジジュース》, please《プリーズ》.

コーヒーをもう少しいただけますか?

May《メイ》 I《アイ》 have《ハヴ》 some《サム》 more《モア》 coffee《カフィ》, please《プリーズ》?

毛布をお借りできますか？

May《メイ》 I《アイ》 have a《ハヴァ》 blanket《ブランケット》, please《プリーズ》?

日本語の新聞はありますか?

Do《ドゥ》 you《ユー》 have《ハヴ》 any《エニィ》 Japanese《ジャパニーズ》 newspapers《ニュースペイパァズ》?

周囲の人に

シートを倒してもいいでしょうか?（後ろの人に）

May《メイ》 I《アイ》 recline《リクライン》 my《マイ》 seat《スィート》?

ちょっと通してください。（隣の人に）

Excuse《イクスキューズ》 me《ミー》, may《メイ》 I《アイ》 go《ゴゥ》 through《スルー》?

具合が悪いとき

気分が悪いです。

I《アイ》 feel《フィール》 sick《スィック》.

出入国カードの書き方

この書類の書き方を教えていただけませんか。

Could you《クッチュー》 show《ショウ》 me《ミー》 how《ハウ》 to《トゥ》 fill《フィル》 in《イン》 this《ディス》 form《フォーム》?

ここにはなんと書けばよいですか。

What《ホワット》 should《シュドゥ》 I《アイ》 write《ライト》 here《ヒア》?

よく使う英単語

local《ロゥカル》 time《タイム》
現地時間

flight《フライト》 attendant《アテンダント》
乗務員

lavatory《ラヴァトリー》
トイレ

take off《テイクオフ》
離陸

occupied《オキュパイド》
使用中

landing《ランディング》
着陸

vacant《ヴェイカント》
空き

aisle《アイル》 seat《スィート》
通路側の席

compartment《コンパートメント》
（機内の）棚

window《ウィンドゥ》 seat《スィート》
窓側の席

meal《ミール》
（機内の）食事

time《タイム》 difference《ディファランス》
時差

ホテルで役立つ英会話

チェックイン（99ページも参照）

予約していないのですが、３晩泊めてもらえますか?

I《アイ》 don’t《ドント》 have a《ハヴァ》 reservation《リザヴェイション》,but《バット》 do《ドゥ》 you《ユー》 have a《ハヴァ》 room《ルーム》 for《フォア》 three《スリー》 nights《ナイツ》?

フロント：お支払いはいかがいたしましょうか?

How《ハウ》 will《ウィル》 you《ユー》 pay《ペイ》 your《ユァ》 bill《ビル》?

旅行者：クレジットカードで支払います。

By《バイ》 a《ア》 credit《クレディット》 card《カード》.

要望を伝える

予約していた部屋とタイプが違います。

This《ディス》 type《タイプ》 of《オヴ》 room《ルーム》 is《イズ》 different《ディファラント》 from《フロム》 that《ザット》 I《アイ》 reserved《リザーヴド》.

ドライヤーを貸していただけますか?

Can I《キャナイ》 borrow《バロウ》 a《ア》 hair《ヘア》 dryer《ドライヤー》?

朝食を持ってきていただけますか?

Will《ウィル》 you《ユー》 bring《ブリング》 some《サム》 breakfast《ブレックファスト》,please《プリーズ》 ?

７時半にモーニングコールをお願いします。

Could you《クッチュー》 give《ギブ》 me《ミー》 a《ア》 wake-up《ウェイクアップ》 call《コール》 at《アット》 7:30《セヴン サーティ》?

これを日本に送りたいのですが。

I’d《アイド》 like《ライク》 to《トゥ》 send《センド》 this《ディス》 to《トゥ》 Japan《ジャパン》.

部屋でWi-Fiは使えますか?

Do《ドゥ》 you《ユー》 have《ハヴ》 Wi-Fi《ワイファイ》 in《イン》 the《ザ》 room《ルーム》.

チェックアウト（107ページも参照）

この金額はなんですか？（計算書を見せて）

What's《ホワッツ》 this《ディス》 for《フォア》?

預けた貴重品を出してください。

I'd《アイド》 like《ライク》 my《マイ》 valuables《ヴァルアブルズ》 back《バック》.

よく使う英単語

dining《ダイニング》 room《ルーム》
食堂

guest《ゲスト》
宿泊客

guest《ゲスト》 room《ルーム》
客室

meal《ミール》 coupon《キューポン》
食事券

reception《リセプション》
受付

deposit《ディポズィット》
前金

emergency《イマージェンスィー》 exit《イグズィット》
非常口

safe《セイフ》 deposit《ディポズィット》 box《ボックス》
セイフティーボックス

DO《ドゥ》 NOT《ノット》 DISTURB《ディスターブ》
入室ご遠慮ください（ドアにかける表示）

cashier《キャッシア》
会計係

PLEASE《プリーズ》 MAKE UP《メイキャップ》 ROOM《ルーム》
部屋を掃除してください（ドアにかける表示）

lounge《ラウンジ》
ラウンジ

翻訳機の使い方のコツ

日本語の音声でスマホアプリや専用の翻訳機を使って会話をするときは、「すみませんが、私は膝のサポーターを探していて…」などの長文よりも「膝のサポーターが欲しい」など短く、要点だけを話したほうが、伝わりやすいです。

道をたずねる

旅行者：すみません。オムニシアターはどこにありますか?

Excuse《イクスキューズ》 me《ミー》.
Where's《ホウェアズ》 the《ジ》 Omni《オムニ》-Theater《スィアター》?

通行人：次の角を右に曲がってまっすぐです。

Turn《ターン》 right《ライト》 at《アット》 the《ザ》 next《ネクスト》 corner《コーナー》
and《アンド》 go《ゴゥ》 straight《ストレイト》 on《オン》.

旅行者：ここから遠いですか?

Is《イズ》 it《イット》 far《ファー》 from《フロム》 here《ヒア》?

通行人：ほんの５分ですよ。

It《イット》 takes《テイクス》 only《オンリィ》 five《ファイヴ》 minutes《ミニッツ》.

観光スポットにて

入場料はいくらですか?

How《ハウ》 much《マッチ》 is《イズ》 the《ディ》 admission《アドミッション》?

何時に閉まりますか?

What《ホワット》 time《タイム》 do《ドゥ》 you《ユー》 close《クロウズ》?

日本語のガイドのあるツアーはありますか?

Do《ドゥ》 you《ユー》 have a《ハヴァ》 tour《トゥアー》 with《ウィズ》
a《ア》 Japanese《ジャパニーズ》 explanation《イクスプラネイション》?

入ってもいいですか?

Can I《キャナイ》 get《ゲット》 in《イン》?

レストランを探す

このあたりでおすすめのスペイン料理の店を教えてください。

Could you《クッヂュー》 recommend《リコメンド》 a《ア》 nice《ナイス》 Spanish《スパニッシュ》 restaurant《レストラント》 around《アラウンド》 here《ヒァ》?

遅くまで開いているレストランはありますか?

Do《ドゥ》 you《ユー》 know《ノウ》 of《オヴ》 any《エニィ》 restaurants《レストランツ》 open《オゥプン》 late《レイト》?

よく使う英単語

observatory《オブザーヴァトリー》
展望台

tourist《トゥーリスト》 information《インフォメイション》
観光案内所

monument《モニュメント》
記念碑

sightseeing《サイトスィーイング》 brochure《ブロウシュァ》
観光案内パンフレット

entrance《エントランス》
入口

advance《アドヴァンス》 ticket《ティケット》
前売り券

exit《イグズィット》
出口

reserved《リザーヴド》 seat《スィート》
指定席

keep《キープ》 out《アウト》
立ち入り禁止

art《アート》 museum《ミュージアム》
美術館

no《ノゥ》 photographs《フォトグラフス》
撮影禁止

remains《リメインズ》
遺跡

盗難証明書依頼用便利メモ（警察で見せる）

以下の項目の該当する英単語を○で囲み、□にはチェックを、（　）や下線には記入をして警察で見せれば、盗難証明書を作成してもらえます。

Please《プリーズ》 make《メイク》 a《ア》 report《リポート》 of《オブ》 the《ザ》 theft《セフト》.
盗難証明書を作成してください。

● ITEMS STOLEN

盗まれたもの（○で囲む）

wallet	**bag**	**suitcase**	**camera**	**watch**
財布	バッグ	スーツケース	カメラ	腕時計

jewel	**video camera**	**jacket**	**coat**
宝石	ビデオカメラ	ジャケット	コート

smart phone	**digital camera**
スマホ	デジタルカメラ

notebook computer
ノートパソコン

credit card
クレジットカード（○で囲む）
（VISA・MASTER・JCB・AMEX・DINERS）

※ CARD No.
カード番号

cash ①　$、€ 、¥
現金

cash ②　$、€ 、¥
現金

※ issuer
発行銀行名

TOTAL AMOUNT
被害合計金額

● PLACE　発生場所

☐ **on the street**　路上で

☐ **in a subway**　(　　　　　　　　　　　　　LINE)
地下鉄で　　　　　　　　　　　路線名

☐ **in a train**　(　　　　　　　　　　　　　LINE)
列車の中で　　　　　　　　　　路線名

☐ **at**　(　　　　　　　　　　　　　)　station
駅で　　　　　　　　　駅名

☐ **at the lobby of the hotel**　ホテルのロビーで

☐ **in the room**　ホテルの部屋で

☐ **at a restaurant**　レストランで

● CRIMINAL　犯人（○で囲む）

pickpocket　**snatcher**　**mugger**
スリ　ひったくり　強盗

● DATE：盗難日

/　　　　　/
day（日）　month（月）　year（年）

● TIME：between 日時

(　　　)AM/PM ～ (　　　)AM/PM
時から　　　　時の間

NAME OF OWNER
あなたの名前

CONTACT ADDRESS IN THIS COUNTRY
連絡先、ホテル等

CONTACT ADDRESS IN JAPAN
帰国後の連絡先

診察用便利メモ（病院で見せる）

以下の項目の該当する□にはチェックを、下線には記入をして医師に見せれば、症状を説明できます。

□ **I feel sick.**　具合が悪いです。
□ **I'm injured.**　ケガをしました。

NAME
名前

AGE　　**BLOOD TYPE**
年齢　　血液型

SEX　□ **male**　□ **female**
性別　男　女

● Detailed Symptoms　（詳しい症状）

【病気】

□ **I have a cold.**　風邪をひいた。
□ **I feel dizzy.**　めまいがする。
□ **I feel feverish.**　熱っぽい。
□ **I feel chilly.**　寒気がする。
□ **I feel nauseous.**　吐き気がする。
□ **I feel languid.**　だるい。
□ **I have difficulty breathing.**　息が苦しい。
□ **I have menstrual cramps.**　生理痛がひどい。
□ **I suffer from anemia.**　貧血です。

【ケガ】

□ **I had a burn.**　やけどをした。
□ **I cut myself.**　切ってしまった。
□ **I'm bleeding.**　出血が止まらない。
□ **I sprained my ankle.**　足首をくじいた。

● SYMPTOMS （症状と注意事項）

☐ **I have diarrhea.** 下痢をしている。

☐ **I'm constipated.** 便秘をしている。

☐ **I'm in menstruation.** 生理中です。

☐ **I'm pregnant.** 妊娠中です。

☐ **I'm allergic to eggs (wheat flour・dairy products).**

私は卵アレルギーがあります（小麦粉・乳製品）。

● CLINICAL HISTORY （既往症）

☐ **measles** はしか

☐ **chicken pox** 水ぼうそう

● MEDICAL DISEASE （持病）

I'm chronic disease to ______________

☐ **anemia** 貧血

☐ **pneumonia** 肺炎

☐ **bronchitis** 気管支炎

☐ **asthma** 喘息

☐ **diabetes** 糖尿病

☐ **heart attack** 心臓発作

☐ **kidney disorder** 腎臓障害

保険請求

☐ **Please issue the doctor's diagnosis and report of my medical treatment together with the receipt for expeditious handling of Claim Payments to the insurance company.**

保険請求のために診断書、治療明細書、領収書を作成してください。

身体の各部名称

診療の際、以下の部分を医師に見せて、イラストの患部を示しましょう。

The mark on the chart is the place I feel pain.
印をつけたところに痛みを感じます。

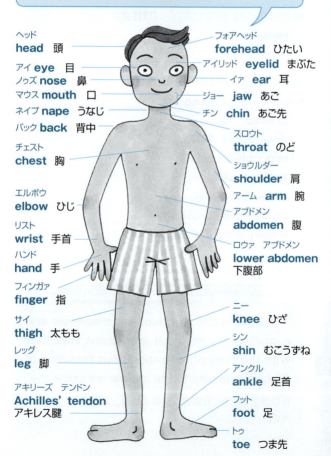

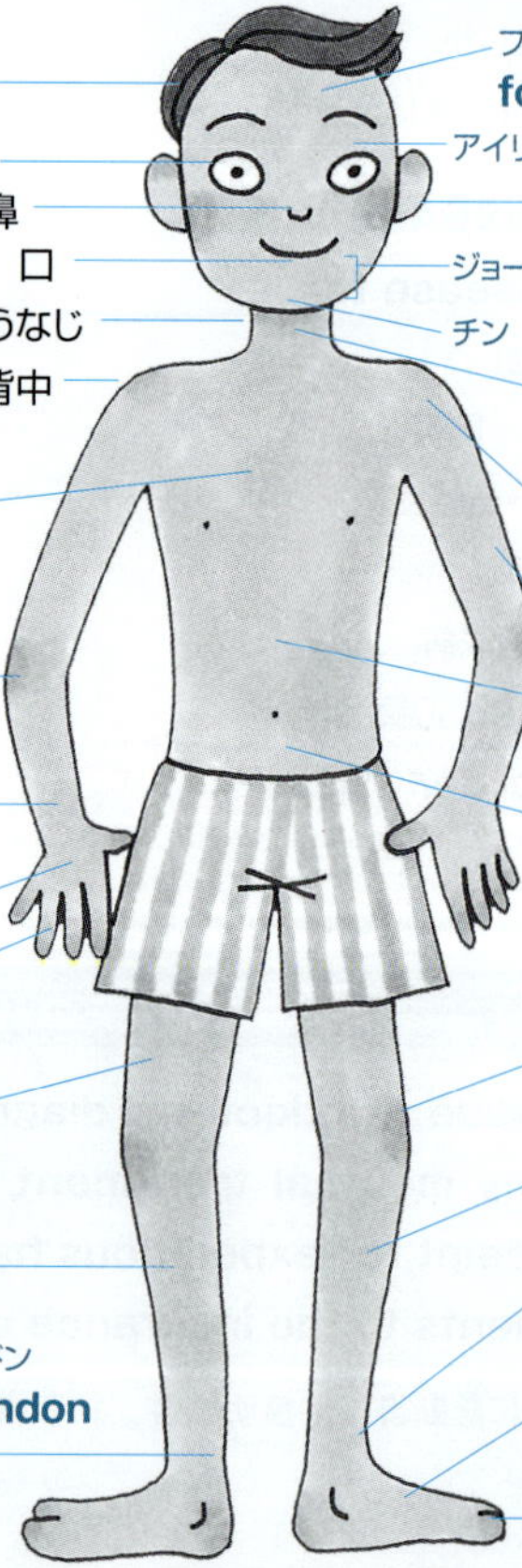

海外旅行「失敗予防」チェックリスト

初めての海外旅行、久しぶりの海外旅行で起こしがちな失敗をまとめました。出発前に該当ページを読んで準備し、しっかり“失敗予防”をしてくださいね。

- □**パスポートの取得が間に合わなかった** (→P.28をチェック!)
- □**パスポートの有効期限が切れていた** (→P.30をチェック!)
- □**パスポートや航空券を忘れたまま家を出てしまった** (→P.12をチェック!)
- □**準備が遅れてスマホを使えなかった** (→P.46をチェック!)
- □**海外旅行保険に入り損ねた** (→P.34をチェック!)
- □**車の道路渋滞、電車の遅れで到着が間に合わなかった** (→P.54、62、66をチェック!)
- □**空港の出発ターミナルを間違えてしまった** (→P.54、59、63をチェック!)
- □**出入国審査で必要な書類がすぐに出せなかった** (→P.10をチェック!)
- □**チップに必要な小額紙幣を持っておらず、あたふた** (→P.36～をチェック!)
- □**両替しすぎて、多額の現金を持ち歩いてしまった** (→P.36～をチェック!)
- □**食事のマナーがわからず、恥ずかしいことをしてしまった** (→P.110をチェック!)
- □**バッグの口を開けていたら、スリの被害にあってしまった** (→P.10、140～をチェック!)
- □**到着ロビーで、迷子になってしまった** (→P.94をチェック!)
- □**チップの支払い方がわからず、そのことばかり気になった** (→P.15をチェック!)
- □**暑いところに行ったはずなのに…防寒着を持ってくればよかった** (→P.14をチェック!)
- □**機内での体温調整がうまくいかず、調子を崩してしまった** (→P.13をチェック!)
- □**現地の食事が口に合わず、あまり食べられなかった** (→P.14をチェック!)
- □**移動が多く、乗り物酔いの状態が続いていた** (→P.13をチェック!)
- □**レストランでの支払いの仕方がわからず、滞在中一度も入らなかった** (→P.112をチェック!)
- □**英語は普通に話せると思っていたが、いちばん大事な単語がわからず通じなかった** (→P.178～をチェック!)
- □**貴重品の管理の仕方がわからず、最後まで落ちつかなかった** (→P.12、101をチェック!)
- □**日本のホテルなら当然あるはずの、スリッパやパジャマ、歯磨きセットがなかった** (→P.13、14をチェック!)
- □**想像以上にお土産を買ってしまい、帰国のときの荷物運びが大変だった** (→P.174をチェック!)

■取材協力
◎成田国際空港株式会社
◎関西国際空港株式会社
◎全日本空輸株式会社
◎日本航空株式会社
◎株式会社大学生協事業センター
◎京成電鉄株式会社
◎株式会社ジェーシービー
◎マスターカード・インターナショナル・ジャパン・インク
◎シティカードジャパン株式会社
◎ビザ・インターナショナル
◎アメリカン・エキスプレス・インターナショナル・インコーポレイテッド
◎株式会社三井住友銀行

■表紙・本文イラスト／sino
■装丁・本文デザイン／白土朝子
■撮影／広田健一
■校正／西進社
■ Special Thanks ／渡部響子、大野麻里
■編集協力／高橋淳二、野口武（JET）

※掲載した情報は2025年3月現在のものです。
※本書は、弊社発行の『海外旅行ハンドブック』に加筆・修正を行って再編集し、改題したものです。

ひとめでわかる！
海外旅行安心ポケットブック

2025年5月10日　第1刷発行

◎編　著／海外旅行情報研究会
◎発行者／永岡純一
◎発行所／株式会社永岡書店
〒176-8518 東京都練馬区豊玉上 1-7-14
TEL 03-3992-5155（代表）
TEL 03-3992-7191（編集）
◎ＤＴＰ／編集室クルー　◎印刷／誠宏印刷　◎製本／ヤマナカ製本
ISBN978-4-522-44283-8 C2026